세상을
따뜻하게
만드는
착한 디자인
이야기

세상을 따뜻하게 만드는
착한 디자인 이야기

초판 1쇄 발행 2020년 10월 30일
초판 6쇄 발행 2025년 6월 5일

지은이 정유리
그린이 박선하
펴낸이 이지은 **펴낸곳** 팜파스
기획편집 박선희
디자인 조성미 **마케팅** 김서희, 김민경
인쇄 케이피알커뮤니케이션

출판등록 2002년 12월 30일 제 10-2536호
주소 서울특별시 마포구 어울마당로5길 18 팜파스빌딩 2층
대표전화 02-335-3681 **팩스** 02-335-3743
홈페이지 www.pampasbook.com | blog.naver.com/pampasbook
이메일 pampas@pampasbook.com

값 12,000원
ISBN 979-11-7026-367-8 (73500)

ⓒ 2020, 정유리

· 이 책의 일부 내용을 인용하거나 발췌하려면 반드시 저작권자의 동의를 얻어야 합니다.
· 잘못된 책은 바꿔 드립니다.

이 도서의 국립중앙도서관 출판시도서목록(CIP)은 서지정보유통지원시스템 홈페이지(http://seoji.nl.go.kr)와 국가자료공동목록시스템(http://www.nl.go.kr/kolisnet)에서 이용하실 수 있습니다.(CIP제어번호: CIP2020041398)

세상을 따뜻하게 만드는

착한 디자인 이야기

정유리 글 | 박선하 그림

팜파스

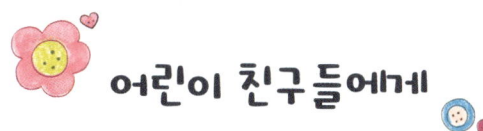
어린이 친구들에게

"이 옷 디자인이 참 예쁜데?"

"이 책 디자인, 내 취향이야!"

우리는 일상에서 디자인이라는 말을 자주 사용해. 매일 입는 옷부터 매일 사용하는 그릇, 공책, 컴퓨터까지 디자인이 들어가지 않은 것이 없기 때문이지. 그야말로 디자인으로 가득 찬 세상에 살고 있어!

디자인은 우리의 삶에 많은 영향을 줘. 아름다운 디자인은 사람들의 기분이 좋아지게 만들고, 편리한 디자인은 삶을 더 편안하게 변화시키지. 또 어떤 디자인은 무서운 범죄를 예방하고, 물 부족 문제를 해결하기도 해. 이처럼 디자인은 우리의 삶에 매우 많은 영향을 미치고 있어.

이 때문에 디자인의 중요성은 나날이 커지고 있어. 최근 들어 디자인은 오늘날 우리가 처한 문제를 해결하기 위한 방법으로도 주목받는 중이야. 현재 전 세계인들은 환경 오염에 대해 심각하게 고민하고 있어. 인간이 살아가기 위해서는 반드시 에너지가 필요한데, 우리는 그동안 화석 연료를 통해 에너지를 얻어 왔어. 그런데 화석 연료는 환경 오염이라는 심각한 문제를 낳고 말았지. 화석 연료를 써서 지구는 병들었고, 전 세계인들은 이상 기후와 지구 온난화 문제에 시달리고 있어. 그런데 최근 들어 이것을 해결한 대안으로 '착한 디자인'이 떠오른 거야.

착한 디자인이란 지구와 환경, 사람까지 생각하는 디자인이야. 환경 오염을 줄이고, 사람들의 삶을 더 좋은 방향으로 나아가게 만드는 디자인을 말하지. 버려진 쓰레기를 새로운 물건으로 탄생시키는 '업사이클링', 창의적인 발상으로 사람들의 참여를 유도하는 '넛지 디자인' 등이 착한 디자인에 해당돼. 지속 가능한 미래와 더 나은 세상을 위해 반드시 필요한 디자인이라고 할 수 있어.

착한 디자인은 사람들이 매일 사용하는 디자인을 환경과 미래를 생각하는 방식으로 만드는 거야. 이를 통해 환경 파괴를 줄이고, 지속 가능한 미래를 만드는 거지.

현재 세계 각국에서는 '착한 디자인'에 대한 중요성을 깨닫고 이것을 환경 정책에 적극적으로 반영하고 있어. 이와 더불어 환경을 생각하는 '착한 디자이너' 역시 점점 늘어나고 있지.

　이 책은 착한 디자인이 무엇인지, 우리가 왜 착한 디자인에 대해 생각해야 하는지 이야기해. 따뜻한 생각으로 지구를 살리고, 세상을 바꾸는 착한 디자인에 대해 쉽고 흥미롭게 소개할 거야. 이를 통해 우리가 착한 디자인에 관심을 갖고, 착한 디자인을 사용하는 것만으로 지구를 살릴 수 있다는 사실을 전달하려고 해. 그럼 이제부터 착한 디자인에 대해 함께 알아볼까?

정유리

차례

어린이 친구들에게 • 5

이야기 하나

'착한 디자이너' 코코를 만나다! • 12

세상을 따뜻하고 아름답게 바꾸는 착한 디자인 • 26

디자인이 뭐예요? • 26
디자인은 어떻게 시작된 걸까? • 28
디자인에는 어떤 분야가 있을까? • 31
디자인의 발전이 지구를 아프게 한다고? • 35
지구를 구하는 착한 디자인 • 38

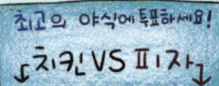

이야기 둘

남반장의 남다른 쓰레기통 ●40

디자인이 사회 문제를 해결한다고요? ●56

디자인은 다양한 힘을 갖고 있어 ●56
물 부족 문제를 해결하는 디자인 ●57
환경 문제를 해결하는 에코 디자인 ●60
사람들의 생각에 변화를 일으키는 디자인 ●65

이야기 셋

공룡 병원으로 놀러 오세요! ●70

디자인이 세상을 밝게 만든다고요? ●84

사람들에게 웃음을 선사하는 디자인 ●84
두려움을 없애고 힘을 주는 디자인 ●87
우리 사회의 어둠을 없애는 디자인, 셉테드 ●89
무서운 골목에서 사람들이 찾아오는 명소로! ●96

이야기 넷

디자인으로 할아버지의 눈을 지켜 준다고? ●98

디자인이 이웃을 생각하는 마음과 만나면? ●110

디자인에도 불평등이 있어! ●110

불평등을 해소하는 디자인 ●112

모두를 위한 디자인, '유니버설 디자인' ●120

'유니버설 디자인'의 7가지 원칙 ●122

> **이야기 다섯**
>
> # 미래를 지키는 환상의 짝꿍 ●124
>
> ### 왜 미래를 위한 디자인을 생각해야 하나요? ●140
>
> 전 세계는 지금 쓰레기 전쟁 중 ●140
> 미래에 중요성이 더 커지는 '착한 디자인'과 '착한 디자이너' ●143
> 첨단 과학 기술과 착한 디자인의 만남 ●145
> 다음 세대를 위한 미래, 함께 만들어야 해 ●151

이야기 하나

'착한 디자이너' 코코를 만나다!

"세라야, 천천히 먹어. 그러다 체하겠다!"

걱정스레 말하는 엄마의 말에도 세라는 입 안 가득 밥을 밀어 넣었어. 허겁지겁 밥을 먹으면서 흘낏 벽에 걸린 시계를 보자 시곗바늘은 저녁 7시를 향해 달려가고 있었지.

"윽! 곧 시작하겠어!"

세라는 얼른 밥 한 그릇을 뚝딱 해치웠어.

"아니, 반찬 투정도 안 하고 오늘은 우리 세라가 무슨 일일까?"

엄마의 말을 뒤로한 채 세라는 식탁에서 일어나 곧장 스마트폰을 집어 들었어. 소파에 푹 눌러앉아 스마트폰을 들여다보는 세라를 보고 엄마는 그제야 미소를 지었어. 세라가 오늘 따라 밥을 빨리 먹은 이유를 알아차렸기 때문이야.

"세라, 너 인터넷 방송을 보려고 밥을 그렇게 빨리 먹었구나?"

"네. 코코가 생방송을 하는 금요일이잖아요. 아, 이제 시작해요!"

7시 정각이 되자 세라의 스마트폰에서 경쾌한 목소리가 들렸어.

"여러분, 안녕! 에코 디자이너, 코코예요!"

화면 속에서 코코가 나타나자 세라는 자세까지 고쳐 앉으며 눈빛을 반짝였어.

세라는 요즘 '코코의 에코TV'라는 방송에 푹 빠져 있어. '코코의 에코 TV'는 코코라는 에코 디자이너가 만드는 인터넷 방송이지. 화면 속으로 빨려 들어갈 듯한 세라의 모습에 아빠는 웃으며 말했어.

"코코가 저렇게나 좋을까!"

"이제는 우리 말보다 코코의 말을 더 잘 듣는다니까요? 저번에는 글쎄 코코가 시금치를 잘 먹어야 한다고 했다면서 시금치를 다 먹은 거 있죠?"

엄마의 말에 아빠는 깜짝 놀랐어.

"입에도 안 대던 시금치를 먹게 만들다니 코코가 정말 대단하긴 대단하네요!"

　세라의 귀에는 엄마와 아빠의 말이 들리지 않았어. 화면 속에서 명랑하게 말하는 코코의 모습에 이미 푹 빠져 있었기 때문이야.

　오늘의 방송 주제는 '헌 옷을 이용해 귀여운 토끼 인형 만들기!'야. 코코는 헌 옷을 자르고 꼼꼼하게 바느질을 해서 귀여운 토끼 인형을 완성했어. 코코는 매번 다양한 주제를 잡아서 에코 디자인에 대해 알려 주었어.

　최근 세라는 '에코 디자이너'라는 직업에 관심이 생겼어. 코코의 방송을 보며 에코 디자이너에 대해 알게 됐기 때문이야.

'환경을 해치지 않는 방법으로 물건을 만드는 일을 한다니 정말 멋있어!'

하지만 세라에게 디자이너는 코코처럼 대단한 사람이나 할 수 있는 직업 같았어. '디자인'이라는 말도 어렵게만 느껴졌지. 세라는 코코가 완성한 토끼 인형을 바라보며 생각했어.

'역시 코코 님은 대단해! 나랑은 차원이 달라.'

얼마 후, 세라에게는 믿을 수 없는 일이 생겼어. 바로 '코코와의 점심 식사' 이벤트에 당첨된 거야. '코코와의 점심 식사'는 코코와 함께 점심을 먹으면서 대화를 하고, 사진도 찍을 수 있는 시간이야.

"세라야, 코코를 만날 준비는 다 한 거지?"

코코와의 점심 식사를 하루 앞둔 날, 엄마가 물었어. 세라는 자신만만하게 대답했지.

"당연하죠! 내일 입을 옷도 이미 골라 두었다고요! 제가 제일 좋아하는 빨강 스웨터를 입을 거예요!"

하지만 막상 다음 날이 되자 세라는 다시 무슨 옷을 입어야 할까 깊은 고민에 빠졌어. 원래 입으려고 했던 빨강 스웨터에 작은 구멍이 생긴 걸 뒤늦게 발견했기 때문이야. 다른 사람들 눈에는 보이지 않을 만큼 아주 작은 구멍이었지만 세라의 눈에는 주먹보다 더 커 보였어. 결국 세라는 옷장에 있는 옷이란 옷을 모조리 꺼내고서 입었다 벗었다를 반복했지.

"으으……. 대체 어떤 옷을 입어야 할지 모르겠어!"

마침 나갈 준비를 마친 엄마가 방문을 열고 들어왔어. 엄마는 엉망진창이 된 세라의 방을 보고 깜짝 놀랐어.

"세상에! 이게 다 뭐야? 오늘 입을 옷은 어젯밤에 다 골라 놓은 거 아니었니?"

"원래 입으려던 옷에는 구멍이 나 버리고 다른 옷은 전부 마음에 안 들어요. 차라리 새 옷을 살 걸 그랬어요!"

세라가 볼멘소리를 늘어놓자 엄마는 차분한 목소리로 대답했어.

"세라야, 이미 옷은 충분히 많다고 생각하는데?"

"옷은 많죠! 그런데 입을 옷이 없다고요!"

세라가 부루퉁하게 입을 내밀자 엄마는 작게 한숨을 쉬었어.

"약속 시간에 늦어서 코코를 기다리게 할 셈이니?"

엄마의 말에 정신이 번쩍 든 세라는 결국 어제 입었던 옷을 입고 집을 나섰어.

세라는 엄마와 함께 코코의 스튜디오 앞에 도착했어. 코코를 만나러 스튜디오 안으로 들어가는 길, 가슴이 두근두근해 터질 것만 같았지. 아이돌을 만난다고 해도 이렇게 떨리지는 않았을 거야. 그만큼 세라에게 코코는 매우 특별한 존재거든.

두근거리는 마음을 애써 진정시키고, 세라는 코코에게 물어보고 싶은 말을 머릿속으로 차분하게 정리했어. 코코를 만나면 디자인과 디자이너라는 직업에 대해 물어보고 싶은 것들이 산더미였거든.

"반가워요! 드디어 특별한 주인공을 만나게 되었네요. 저는 코코예요!"

짧은 단발머리에 멋진 스카프를 맨 코코가 세라를 향해 손을 내밀었어. 세라는 너무 떨려 눈도 제대로 마주치지 못하고 코코의 손을 잡았어.

"저, 저는 유세라라고 해요."

코코가 씩씩하게 손을 흔들어 악수를 하자 세라는 그제야 조금 긴장감이 풀렸어. 코코는 곧장 세라와 엄마에게 스튜디오 곳곳을 안내해 줬어. 평소 세라가 즐겨 보는 영상이 어디서, 어떻게 촬영되는지 알 수 있었지.

"우와~! 화면으로만 보던 영상이 이렇게 만들어지는구나! 실제로 보게 되니까 너무 신기해요!"

"자! '코코와의 점심 식사'인데 점심 식사를 안 할 수 없겠죠?"

코코를 따라 넓은 방으로 들어서자 코코가 준비한 점심 식사가 보였어. 떡볶이부터 스테이크, 팬케이크, 시원한 망고 주스까지! 맛있는 음식 천지였어.

"뭘 좋아하는지 몰라 다양하게 준비해 봤어요!"

코코의 말이 끝나자마자 세라의 배에서 '꼬르륵!'하고 우렁찬 소리가 울려 퍼졌어. 세라는 부끄러워 얼굴이 붉어졌어. 코코는 그런 세라가 귀엽다는 듯 미소 지었지.

"부끄러워 말고 맘껏 먹어요! 모두 세라 어린이를 위해 준비한 음식이니까요!"

세라는 엄마 그리고 코코와 함께 대화를 나누며 맛있게 식사를 했어. 배가 어느 정도 부르자 코코에게 물어보고 싶은 것이 뒤늦게 떠올랐지.

'아차! 이렇게 먹고만 있을 때가 아닌데!'

세라는 흠흠! 목소리를 가다듬은 뒤 코코에게 물었어.

"코코 님! 저도 코코 님처럼 에코 디자이너가 되고 싶은데요."

"정말요?"

"그런데……. 디자인은 뭔가 똑똑하고 대단한 사람들만 하는 일 같아요. 사실 디자인이 뭔지도 잘 몰라요."

세라의 질문에 코코는 웃으며 대답했어.

"디자인은 그리 어려운 게 아니에요. 우리 주변만 둘러봐도 쉽게 찾을 수 있거든요!"

코코의 대답을 듣고 세라는 어리둥절했어.

"디자인이 우리 주변에 있다고요?"

"네. 지금 사용하고 있는 물컵, 그릇, 테이블도 모두 하나의 디자인이 되거든요."

코코는 우리의 주변이 온통 디자인으로 채워져 있다고 말했어. 간식으로 즐겨 먹는 과자 봉지에도, 매일 타는 버스 손잡이에도 디자인이 들어가 있다고 말이야.

"우리의 생활을 편리하고 아름답게 만드는 일이라면 모두 디자인이라고 할 수 있어요!"

"그럼 제가 입고 있는 옷과 신발에도 디자인이 들어가 있는 거예요?"

"맞아요! 옷이나 신발 등 패션에 관련된 제품을 디자인하면 패션 디자인이 되는 거예요. 책을 디자인하면 도서 디자인, 가구를 디자인

하면 가구 디자인이 되는 거죠! 어렵지 않죠?"

세라는 고개를 끄덕였어. 코코의 설명을 듣고 나니 디자인이 더 이상 어렵지 않게 느껴졌어. 그러다 문득 코코가 '에코 디자이너'라는 것이 생각났어.

"그럼 에코 디자인은…. 에코는 환경이라는 뜻이니까 환경에 관련된 디자인인 건가요?"

"맞아요. 에코 디자인은 환경에 관련된 디자인이에요. 더 정확히 말하면 '환경을 생각하는 디자인'이지요. 환경을 해치지 않는 방법으로 물건을 만들기 때문에 '착한 디자인'이라고도 불려요."

"착한 디자인이라고요?"

세라는 디자인에도 착하고 나쁜 것이 있나 싶어서 의아했어. 그런 세라의 궁금증을 짐작했는지 코코는 세라에게 착한 디자인에 대해 설명했어.

"아까 디자인은 우리 주변에 가득 차 있다고 했죠? 디자인은 그만큼 우리의 삶에 깊이 들어와 있어요. 그래서 많은 사람들에게 영향을 미칠 수 있죠. 만약 우리가 매일 사용하는 물건이 환경을 해치는 디자인으로 만들어져 있다면 어떻게 될까요? 예를 들어 우리가 밥을 먹을 때마다 한 번만 쓰고 버리는 일회용 그릇을 사용한다면요?"

"그러면 쓰레기가 엄청나게 늘어날 거예요. 환경도 오염되고요."

"맞아요. 우리가 살아가는 환경을 위해서 우리는 '착한 디자인'에 대해 생각해야 해요. 많은 사람들에게 좋은 영향을 끼칠 수 있는 방향으로 말이에요."

세라는 힘차게 고개를 끄덕였어.

"그리고 착한 디자인은 사람들의 불편함을 없애는 디자인이기도 해요."

"불편함을 없애는 디자인이요?"

코코는 세상에는 매우 다양한 사람들이 함께 어우러져 살아가고 있다고 말했어. 다리가 불편한 할아버지도, 눈이 보이지 않는 시각 장애인도, 또 세라처럼 아직 자라는 중인 어린이들도 사회 속에 함께 살아가고 있다고 말이야.

"이 모든 사람들이 불편함 없이 생활할 수 있도록 고민하는 것 역시 착한 디자인이라고 할 수 있어요. 모든 사람들에게 더 나은 세상을 만들기 위해 고민하는 것이 바로 착한 디자인의 시작이거든요."

코코의 말에 세라는 가슴이 두근두근 뛰었어. 디자이너는 예쁘고 아름다운 것만 만드는 줄 알았거든. 그런데 더 나은 세상을 만들기 위해 고민한다니 훨씬 더 멋진 일로 느껴졌어. 세라는 수줍게 속마음을 꺼냈어.

"저도 세상에 좋은 영향을 주는 착한 디자이너가 되고 싶어요."

코코는 씨익 웃으며 세라를 향해 엄지를 척! 들어 올렸어.

"세라 어린이를 위해 준비한 선물이 있어요!"

코코가 꺼낸 선물은 얼마 전, 코코가 방송에서 헌 옷을 이용해 직접 만든 토끼 인형이었어.

"앗! 이건?! 방송에서 만들었던 거잖아요?"

"네, 세라 어린이를 위해 만든 거예요. 세라 어린이가 꼭 착한 디자이너가 됐으면 좋겠어요."

세라는 코코가 준 토끼 인형을 품 안 가득 소중하게 끌어안았어.

코코와 작별 인사를 나누고 집에 돌아오는 길, 엄마는 세라에게 물었어.

"오늘 코코와의 점심 식사 어땠니?"

"정말 좋았어요. 저도 코코처럼 꼭 디자인을 해 보고 싶어요."

세라는 생각만 해도 좋은지 함박웃음을 지었어. 코코를 직접 만난 것도 좋았지만 그것만이 아니었어. 디자인은 언제나 우리 곁에 있다는 것, 그리고 세상을 변화시킬 수 있는 힘을 지녔다는 것도 알게 되어 무척이나 보람찼거든.

집에 돌아온 세라는 디자인을 직접 해 보기로 마음먹었어. 하지만 대체 무엇을 디자인해야 할지 좋은 생각이 떠오르지 않았지.

그때였어. 방바닥에 처박혀 있는 빨강 스웨터가 눈에 들어왔어. 작은 구멍이 난 바로 그 스웨터 말이야. 분명 집을 나서기 전까지만 해도 버리려던 옷이었는데, 이제는 그 스웨터가 디자인을 위한 멋진 재료로 보였어.

"버리려던 옷을 새롭게 디자인한다면? 쓰레기도 줄이고, 새로운 옷도 생기는 거니까 이게 바로 착한 디자인 아닐까?!"

세라가 한참이나 방 안에 틀어박혀 나오지 않자 엄마와 아빠는 세라가 뭘 하는지 궁금했어.

"우리 딸이 도대체 뭘 하고 있는 걸까요?"

"글쎄요. 안 쓰는 단추들을 잔뜩 들고 들어가긴 했는데."

이때 세라가 방문을 벌컥 열고 소리쳤어.

"짜잔!"

엄마는 세라의 손에 들린 빨간 스웨터를 보았어.

"어라? 그 스웨터는 구멍이 났다고 하지 않았니?"

스웨터를 자세히 살펴보자 뭔가 좀 달라진 모습이었어. 바로 구멍

이 난 부분에 안 쓰는 단추들이 대롱대롱 귀엽게 달려 있었지.

"오호라! 단추를 달아서 감쪽같이 구멍을 가렸구나?"

"훨씬 개성 있는 옷이 되었는데? 멋진 디자인이야!"

엄마, 아빠가 칭찬하자 세라는 자신감이 커졌어.

'코코의 말대로 디자인은 그리 어려운 게 아니었네?'

세라는 앞으로도 디자인에 계속 도전해야겠다고 결심했어. 세상을 더 좋게 만들 착한 디자인을 말이야.

세상을 따뜻하고 아름답게 바꾸는
착한 디자인

디자인이 뭐예요?

"이 디자인이 정말 멋진데?"

"이 디자인은 정말 별로야!"

우리는 평소에 '디자인'이라는 말을 자주 사용해. 또한 일상에서 '디자인'이라는 말을 매우 쉽게 들을 수 있지. 그렇다면 과연 디자인이란 무엇일까?

디자인(Design)이라는 말은 '계획하다'라는 뜻을 가진 라틴어 'Designare'에서 유래되었어. 디자인은 우리의 생활을 편리하고 아름답게 만들기 위해 '계획하는' 일인 거야. 쉽게 말해 어떤 것을 계획하고 구상하는 일이라면 모두 디자인 활동이라고 할 수 있어.

디자인은 우리 주변 어디에나 있어. 우리가 매일 사용하는 숟가락도 디자인된 것이고 잠을 자고 생활하는 집에도 디자인이 들어 있지. 지금 읽고 있는 책 역시 디자인의 결과야. 책을 어떤 크기로 만들 것인지, 표지에는 어떤 그림이 들어갈 것인지, 제목은 무엇으로 할 것인지 '계획'했기 때문이야.

미국의 유명한 디자이너, 빅터 파파넥은 인간이 하는 모든 일이 디자인이라고 생각했어.

"모든 사람들은 디자이너입니다! 우리가 하는 모든 것이 디자인이기 때문입니다!"

빅터 파파넥은 인간에게 디자인이란 숨 쉬는 것처럼 친숙하고 자연스러운 일이라고 보았어. 우리가 매일 어떤 양말을 신을까 고민하는 것도, 책상 서랍을 깨끗이 정리하는 것도 모두 디자인 활동이라고 생각했지.

빅터 파파넥의 말에 따르면 우리는 우리도 모르는 사이, 매일매일 디자인 활동을 하고 있는 셈이야.

디자인은 어떻게 시작된 걸까?

 디자인은 언제 처음 시작된 것일까? 디자인의 역사는 아마 인류의 역사와 함께 시작되었을 거야.

 프랑스의 도르도뉴 지방에는 아주 유명한 동굴 벽화가 있어. 바로 라스코(Lascaux) 동굴 벽화야. 이 벽화는 수만 년 전, 구석기 시대에 살던 사람들이 동굴에 그린 그림이야. 이 벽화에는 말, 사슴, 들소 등이 그려져 있는데 커다란 동굴 안에 그림이 무려 100여 점 이상 있어. 구석기 시대 사람들은 대체 왜 동굴에 이런 그림을 그렸을까?

 구석기 시대의 사람들에게는 동굴이 집이었어. 구석기 시대에는 아직 집을 지을 기술이 발달하지 않아서 지금과 같은 형태의 집이 없었거든. 그래서 동굴을 집으로 삼았던 거야. 눈과 비를 막아 주고 무서운 들짐승을 피할 수 있는 보금자리를 얻자 사람들은 그곳에서 밥을 먹고 잠도 잤어. 그리고 벽에 그림을 그리기도 했지.

 우리가 예쁜 그림이나 사진을 붙여 집을 꾸미는 것처럼, 구석기 시대 사람들 역시 자신들의 보금자리에 그림을 그려 집을 '디자인'한 거야. 이처럼 디자인은 까마득하게 오래된 시대의 인간들도 했다고 볼 수 있어. 다시 말해, 인류의 역사와 함께 디자인도 시작된 셈이지.

인간의 생활이 발달할수록 인간이 펼치는 디자인 역시 점점 발달했어. 특히 19세기 후반 영국에서 시작된 '미술 공예 운동'을 통해 큰 발전을 이루었어. 이 '미술 공예 운동'이 어떻게 일어났는지 한 번 살펴볼까?

18세기 말부터 세계에는 산업 혁명이 시작되었어. 그러면서 사회 다양한 영역에 산업화의 바람이 불게 되었지. 기계가 발명되고 기술이 발전하자 사람들의 사는 모습은 빠르게 변화했어.

공장이 없었던 옛날에는 필요한 물건을 사람들이 손으로 직접 만들어야 했지. 사람의 손으로 하나하나 만들다 보니 시간이 많이 걸리고 물건의 양도 조금밖에 나오지 않았어. 그러다 보니 당연히 필요한 물건을 구하기도 어려웠어. 또 가격도 매우 비쌌지. 사람들은 고민을 하기 시작했어.

"어떻게 하면 물건을 더 빨리, 더 많이 만들어 낼 수 있을까?"

고민에 고민을 거듭한 결과, 사람의 손을 대신할 기계가 발명되었어. 기계가 발명되자 공장에서는 짧은 시간 안에 많은 물건을 만들 수 있었어. 산업 혁명이 일어난 거야.

"사람하고 속도가 비교도 안 되는군! 역시 기계가 최고야!"

산업 혁명으로 생산 기술이 크게 발전하자 사람들의 생활은 이전과 비교할 수 없을 만큼 편리해졌어. 그러나 기계로 한꺼번에 찍어 내는 디자인은 모양이 모두 비슷비슷했어. 또 사람이 만드는 것만큼 정교하지 않았지. 그러자 불만의 목소리가 점점 높아졌어.

"기계로 찍어 내는 물건들은 다 똑같이 생겼고 질이 너무 떨어져!"

이러한 불만을 가진 이들 가운데 영국의 디자이너, 윌리엄 모리스도 있었어. 그는 예전처럼 손으로 직접 만드는 수공업의 아름다움을 되살리자고 주장했어. 그래서 벽화·벽지·조각·가구 등 다양한 분야에서 수공업이 지닌 아름다움을 다시 유행시키려 노력했어. 윌리엄 모리스의 이러한 행동은 그 시대의 디자이너와 건축가들에게 좋은 반응을 얻으며 크게 성공했어.

이것이 바로 '미술 공예 운동'이야. 미술 공예 운동이 일어난 이후, 수많은 디자이너들은 모두 똑같기만 한 기존 디자인에 대항해 다양한 디자인 작업을 시도했어. 그 결과, 디자인은 매우 큰 발전을 이루었지.

디자인에는 어떤 분야가 있을까?

디자인은 계속 발전을 거듭해 사회의 각 영역으로 뻗어 나갔어. 그 결과, 패션 디자인·건축 디자인·도서 디자인 등 매우 다양한 분야가 생겼지. 현대의 디자인 분야 가운데 가장 대표적인 디자인은 어떤 것이 있을까?

: 패션 디자인 :

패션 디자인은 옷감, 가죽, 비닐 등 여러 가지 소재로 옷과 신발 등을 디자인하는 거야. 우리가 매일 착용하는 옷, 신발, 양말, 잠옷 등이 모두 패션 디자인에 해당되지. 안경, 귀걸이, 반지, 모자 등을 디자인하는 것 역시 패션 디자인에 속해.

패션 디자인은 입는 사람의 신체적인 특징과 사는 곳의 날씨 등을 고려하여 디자인해야 돼. 예를 들어 입는 사람이 어른인지 아이인지에 따라 옷의 크기와 기능이 달라지겠지? 또 추운 나라에 사는 사람들이 입는 옷과 더운 나라에 사는 사람들이 입는 옷은 서로 다를 거야. 이처럼 사람들의 신체적인 특징은 물론 나라별 기후·문화·유행 등을 전체적으로 고려하여 디자인해야 돼.

　패션 디자인은 디자인 분야 가운데 가장 유행에 민감해. 끊임없이 변화하며 대중에게 새로운 유행을 만들어 내. 파리·밀라노·뉴욕에서 열리는 3대 패션쇼는 매년 전 세계인의 뜨거운 관심을 받아. 3대 패션쇼에서 어떤 옷과 장신구를 선보이느냐에 따라 전 세계의 패션 유행이 결정되거든.

: **건축 디자인** :

　건축 디자인이란 집이나 다리 같은 구조물을 만드는 일이야. 우리가 주변에서 흔히 보는 빌딩, 학교, 아파트, 댐, 탑 등이 모두 건축 디자인의 결과지.

건축 디자인은 사람이 외부 환경에서 자신을 보호할 공간을 만들기 위해 처음 시작되었어. 더위나 추위를 피하고 들짐승에게 눈에 띄지 않기 위해 만들어진 거지.

건축 디자인은 사회적인 신분이나 지위를 나타내기도 해. 공간의 주인이 어떤 사람이냐에 따라 건축물의 크기와 재료, 모양이 달라지거든. 프랑스의 왕, 루이 14세는 자신의 권력을 뽐내기 위해 방이 무려 900개나 되는 베르사유 궁전을 지었어.

또한 건축 디자인은 그 자체로 문화 유산도 될 수 있어. 건축 디자인만 살펴봐도 당시에 어떤 사람이 살았는지, 어떻게 살았는지, 어떤 문화가 유행했는지 알 수 있거든. 특히 성당이나 궁궐은 그 시대에 가장 유행하는 건축 양식으로 지어졌어. 그래서 옛 건축물을 보면 그 건

축이 지어진 시대의 특징을 알 수 있지. 우리나라의 경복궁, 그리스의 파르테논 신전, 이탈리아의 콜로세움, 프랑스의 베르사유 궁전이 대표적인 건축 디자인의 예야.

: 산업 디자인 :

산업 디자인이란 우리가 일상생활에서 많이 접하는 물건들을 디자인하는 것이야. 작은 볼펜부터 커다란 비행기에 이르기까지 그 종류가 매우 다양하지. 기계를 통해 대량으로 생산하기 때문에 공업 디자인이라고도 불러.

산업 디자인에는 대표적으로 '제품 디자인', '운송 기기 디자인', '환경 디자인'이 있어.

제품 디자인은 가구·가전제품 등을 디자인하는 것이고, 운송 기기 디자인은 자동차·비행기·우주선 등의 운송 수단을 디자인하는 것이야. 환경 디자인은 우리 주변의 자연과 생활 공간을 쾌적하고 아름답게 꾸미는 디자인이지.

우리가 편리하게 이용하고 있는 것들은 대부분 산업 디자인을 통해 만들어진다고 생각하면 돼. 그만큼 산업 디자인은 우리의 곁에서 인간에게 더 편리하고 윤택한 삶을 만드는 데 큰 역할을 하고 있어.

디자인의 발전이 지구를 아프게 한다고?

디자인이 발전할수록 사람들의 삶에 큰 변화를 가져왔어. 특히 산업 디자인은 사람들에게 크나큰 편리함을 주었지. 디자인의 역할에는 문제를 해결하는 기능도 있어. 예를 들어, 제품 디자인이 발전할수록 까다로운 기계도 더 널리 손쉽게 쓰이게 되지. 그 결과, 기계로 물건을 많이 만들 수 있게 되자 사람들은 필요한 물건을 전보다 쉽게 얻을 수 있었어. 그럼으로써, 사람들은 훨씬 더 편리하고 풍족한 생활을 누릴 수 있었지.

하지만 디자인의 발전이 꼭 좋기만 한 것은 아니야. 사람들의 소비

를 부추겼기 때문이지. 여기저기에서 쏟아지는 다양한 디자인은 사람들로 하여금 점점 많은 물건을 사고 싶게 만들었거든.

"새 스카프가 나왔네? 스카프는 이미 가지고 있지만…… 이번에 나온 건 색깔이 다르니까 하나 더 사야겠다!"

"세탁기가 새로 나왔잖아? 세탁기가 아직 망가지진 않았지만…… 새 제품이 더 좋아 보이니까 새로 사야겠어!"

계속해서 쏟아지는 새 디자인은 이미 있는 물건도 또 사고 싶게 만들었어. 색이 조금 다르고, 모양이 조금 달라졌다는 이유로 말이야. 심지어 비싼 전자 제품의 경우, 아직 고장 나지도 않았는데 가지고 있던 것을 버리고 새 제품을 사는 일도 많았지.

이런 일들이 계속되자 자원이 낭비되고 쓰레기가 늘어났어. 실제로 매년 전 세계에 버려지는 전자 제품 쓰레기는 5000만 톤에 이른다고 해. 이중 단 20%만 재활용되고 나머지 80%는 지구를 병들게 하지.

멀쩡한 물건을 버리고 새로운 것을 사는 문화가 유행하자 쓰레기가 많아지고 환경은 빠른 속도로 오염됐어. 하지만 사람들은 계속해서 새로운 물건을 사들였지. 이러한 흐름에 문제를 제기한 사람이 있었어. 바로 미국의 디자이너, 빅터 파파넥이야.

빅터 파파넥은 사람들이 멀쩡한 물건을 놔두고 새로운 물건을 사는 행동에 디자이너들의 책임이 크다고 생각했어.

"상품의 디자인을 조금만 바꾸어 새롭게 내놓는 것은 성능이 멀쩡한 제품도 구식으로 보이게 만듭니다!"

그는 디자인이 사람들의 생각과 환경에 큰 영향을 끼친다고 여겼어. 그래서 인간과 지구를 생각하는 '착한 디자인'이 필요하다고 주장했어.

지구를 구하는 착한 디자인

빅타 파파넥은 인간이나 환경에 대한 고민 없이 그저 물건을 사게만 만드는 디자인은 '나쁜 디자인'이라고 주장했어.

"타인들의 환심을 사기 위해 필요하지 않은 물건을 구매하도록 사람들을 설득하는 디자인이야말로 가장 나쁜 일입니다."

그는 디자인이 인간의 삶에 큰 영향을 미치는 가장 강력한 도구라고 생각했어. 그렇기 때문에 디자이너들이 좀 더 책임감 있는 디자인을 해야 한다고 주장했지.

디자이너는 어떤 물건을 만들 때, 재료를 선택하는 일부터 물건이 버려지는 방법까지 관여할 수 있어. 이 때문에 빅터 파파넥은 디자이너들이야말로, 더 나은 세상을 위한 일을 하는 데 관심을 갖고, 그것을 디자인으로 수행해야 한다고 생각했어. 평범한 사람들에게 플라스틱 빨대를 쓰지 말라고 백 번 얘기하는 것보다 애초에 디자이너가 환경을 해치지 않는 종이 빨대를 만드는 게 더 효과적이라는 것이지.

이러한 빅터 파파넥의 생각으로, 수많은 사람들이 디자인에 대해 다시 생각해 보게 되었어. 그리고 인간과 환경을 생각하는 디자인에 대한 관심이 점점 커졌지. 그 결과, 인간과 환경을 생각하는 '그린 디자인', '에코 디자인', '지속 가능한 디자인'이 탄생했어. 이렇게 인간과 환경을 생각하는 디자인을 '착한 디자인'이라고 해.

 최근 착한 디자인은 전 세계인의 뜨거운 관심을 받고 있어. 기후 변화와 환경 파괴, 지구 온난화 등 화석 에너지를 쓰면서 생기는 문제가 점점 심각해지고 있거든. 그런데 '착한 디자인'이 이 문제를 해결할 대안으로 주목받고 있는 거야.

 세계 각국에서는 지속 가능한 미래를 위해 착한 디자인을 환경 정책에 반영하고 있어. 또한 환경을 생각하는 '착한 디자이너' 역시 점점 늘어나고 있어.

이야기 둘

남 반장의 남다른 쓰레기통

"어이구, 남 반장님 안녕하세요?"

햇살이 눈부신 아침, 다름이는 반려견 보리와 아침 산책에 나섰어. 골목길에서 나오는데 슈퍼 아저씨가 다름이에게 장난스러운 인사를 건넸지. 다름이는 쑥스러운 기색도 없이 아저씨에게 정말 반장님처럼 당부했어.

"아저씨, 담배꽁초는 쓰레기 봉지에 잘 버리고 계시죠?"

"어이쿠! 남 반장님 무서워서 절대 다시는 안 그런다니까요?"

다름이는 슈퍼 아저씨의 넉살에 그만 헤헤! 하며 웃었어. 그런 다름이의 머리를 슈퍼 아저씨도 귀엽다는 듯이 쓰다듬었지. 두 사람이 이렇게 말하는 데는 다 그만한 사정이 있어.

몇 달 전, 슈퍼 아저씨는 담배꽁초를 바닥에 버리다가 다름이에게 들키고 말았거든. 다름이가 담배꽁초를 바닥에 버리면 안 된다고 냉큼 지적하자 아저씨의 얼굴은 부끄러움으로 물들었지. 아저씨는 바로 꽁초를 줍고 다름이에게 다시는 길에 쓰레기를 버리지 않겠다고 약속했어.

"제가 항상 지켜보고 있다는 거 잊지 마세요!"

마침 가게 문을 열던 세탁소 아주머니도 이 모습을 보고 다름이에게 말했어.

"남 반장님 덕분에 동네가 아주 깨끗해졌다니까!"

"아주머니, 분리수거는 잘하고 있으시죠? 저번처럼 플라스틱을 쓰레기봉투에 넣으시면 안 돼요?"

"그러엄! 남 반장님한테 혼난 다음부터는 신경 써서 분리하고 있지!"

다름이가 만족스럽게 고개를 끄덕이자 아저씨와 아주머니는 그런 다름이가 기특한지 미소 지었어.

사실 다름이를 '남 반장'이라고 부르는 것은 슈퍼 아저씨와 세탁소 아주머니만이 아니었어. 핫도그 가게 누나도, 꽃집 형도 모두 다름이를 남 반장이라고 불렀지.

다름이가 학교에서 반장이라서 남 반장이라고 부르는 거냐고? 아니야. '남 반장'은 다름이네 동네 사람들만 부르는 다름이의 별명이야. 왜 진짜 반장도 아닌데 다름이를 남 반장으로 부르냐고? 바로 다름이가 동네에서 벌어지는 일에 동네 반장처럼 사사건건 참견하기를 좋아하기 때문이지.

동네에서 무슨 일이 벌어졌다 하면 다름이는 숙제를 하다가도, 축구를 하다가도, 보리와 산책을 하다가도 부리나케 달려와 참견했어. 그래서 동네 사람들은 다름이가 지나가면 "저기 남 반장님 지나가시네!"하곤 했지.

요즘 남 반장, 다름이에게는 신경 쓰이는 문제가 하나 생겼어. 바로 보리와 자주 산책을 하는 공원에 쓰레기들이 많이 쌓여 있다는 거야. 공원 곳곳에 쓰레기통이 있는데도 쓰레기를 바닥에 버리고 가는 사람들을 다름이는 몇 번이나 목격했지. 먹다 마신 음료 잔, 과자 봉지, 치킨 상자까지, 쓰레기의 종류도 다양했어.

"앗! 보리야! 그건 먹으면 안 돼!"

게다가 사람들이 함부로 버리고 간 쓰레기를 반려견 보리가 몇 번이나 먹을 뻔해서 다름이는 걱정이 이만저만이 아니었지.

"대체 누가 이렇게 쓰레기를 함부로 버리는 거야!"

다름이는 이 모습을 그냥 두고 볼 수 없었어. 산책을 나갈 때마다 일부러 커다란 봉지를 챙겨 쓰레기가 보일 때마다 족족 주워 담았어. 그러나 다름이 혼자 커다란 공원에 있는 쓰레기들을 몽땅 주울 수는 없었어.

"끼잉, 끼잉."

보리와 산책을 다녀오고 나서 다름이는 게임을 하고 있었어. 그런데 보리가 낑낑거리며 방문을 긁는 거야.

"보리야, 왜 그래? 이리 들어와."

다름이가 문을 활짝 열어 주었는데도 보리는 방에 들어오지 않지 않고 제자리만 뱅뱅 맴돌았어. 그러다 웩! 하고 바닥에 토를 했어. 다름이는 깜짝 놀라 소리쳤지.

"보, 보리야! 왜 그래!!!"

그 길로 다름이는 아빠와 함께 동물 병원으로 달려갔어. 수의사 선생님이 보리를 검사할 동안 아빠와 다름이는 대기실에 앉아 기다렸어. 다름이의 눈에서 닭똥 같은 눈물이 뚝뚝 떨어졌지.

"아빠… 우리 보리 죽는 건 아니겠죠?"

"다름아, 보리는 괜찮을 거야. 선생님이 검사하고 있으니까 좀만 기다려 보자."

아빠의 말을 듣고도 다름이는 마음이 진정되지 않았어. 보리를 잃을까 봐 너무 두려웠거든.

보리는 다름이에게 아주 특별한 존재야. 다름이가 태어나기 훨씬 전부터 보리는 다름이네 집에서 살았어. 다름이가 태어나기를 보리가 먼저 기다리고 있었던 거야. 보리는 다름이의 형제이자 가장 친한 친구였어. 그 무엇과도 바꿀 수 없는 소중한 존재이지.

'보리가 우리 곁을 떠나면 어떡하지?'

두려움이 왈칵 밀려온 다름이는 엉엉 소리 내 울기 시작했어. 어찌나 엉엉 울었는지 눈이 퉁퉁 부어 앞이 보이지 않을 지경이었지.

그때 의사 선생님의 목소리가 들렸어.

"보리 보호자 분! 안으로 들어오세요!"

다름이는 아빠와 함께 서둘러 진료실로 들어갔어. 보리를 보자마자 와락 품에 끌어안았어.

"보리야!"

다행히 보리는 상태가 좋아진 것인지 다름이를 향해 긴 꼬리를 붕붕 흔들었어.

"오전에 산책을 할 때 뭔가 주워 먹는 걸 봤다고 했죠?"

"네, 공원에서요……. 재빨리 못 먹게 하긴 했는데……."

수의사 선생님은 아무래도 보리가 닭 뼈를 먹고 탈이 난 것 같다고 말했어.

"예? 닭 뼈라고요?"

다름이의 얼굴이 창백해졌어. 닭 뼈가 얼마나 개에게 위험한지 알고 있었기 때문이야. 닭 뼈를 개가 삼키면 그 뼈가 배 속을 돌아다니다 장기에 상처를 낼 수 있거든. 그래서 평소에도 다름이는 치킨을 시켜 먹고 남은 뼈들을 아주 신경 써서 버렸어. 혹시나 보리가 주워 먹고 탈이 날까 봐 조심한 거지. 그런데 보리가 공원에서 닭 뼈를 주워 먹었다니!

"다행히 아주 작은 뼈만 조금 삼켜서 똥으로 나왔어요. 똥으로 나오지 않았다면 수술을 해야 할 뻔했어요."

"수, 수술이요?!"

선생님의 말에 다름이는 심장이 쿵 떨어지는 것 같았어. 선생님은 쓰레기를 먹던 보리를 다름이가 재빨리 막았기 때문에 이 정도로 그친 거라며 다름이를 위로했어.

진료를 마치고 집에 돌아오자마자 보리는 바로 제 집에 들어가 끙

아떨어졌어. 드르렁드르렁 코까지 골았지. 병원에 다녀와서 아주 피곤했던 모양이야.

곤히 잠든 보리를 바라보던 다름이는 공원에 쓰레기를 버린 사람들에게 화가 났어.

"닭 뼈를 함부로 버리면 어떡해?! 진짜 큰일 날 뻔했잖아!"

다름이는 공원의 쓰레기 문제를 더 이상 방치할 수 없다고 생각했어. 보리가 또 쓰레기를 잘못 먹고 탈이 날 수도 있고, 꼭 보리가 아니더라도 다른 강아지들이 피해를 입을 수 있었어. 공원을 매일 같이 산책하는 강아지들이 아주 많았거든.

다름이는 쓰레기 문제를 해결할 효과적인 방법이 없을까 고민했어.

'확실한 방법이 필요한데……. 어떻게 하면 사람들이 쓰레기를 쓰레기통에 잘 버릴 수 있을까?'

다음 날, 다름이는 안내문을 만들어 공원 곳곳에 붙였어.

'쓰레기를 쓰레기통에 잘 버립시다!'

그러나 다름이의 기대와 달리 큰 소용은 없었어. 안내문을 붙인 지 일주일이 지났지만 여전히 공원에는 쓰레기가 아무 데나 버려져 있었거든. 다름이의 고민은 더욱 깊어졌지.

'끄응…. 안내문도 큰 소용이 없고 어떻게 하지?'

다름이의 고민은 학교에서도 계속됐어. 다름이의 머릿속에는 사람들이 어떻게 하면 쓰레기를 쓰레기통에 버리게 할 수 있을까 하는 생각으로 가득 찼어.

"야, 남다름! 그래서 넌 치킨이야? 떡볶이야?"

같은 반 친구, 연우가 얼굴을 불쑥 내밀면서 물었어.

"뭐가?"

"아, 얘 또 우리 말 안 들었네! 우리 지금 '야식의 최강자가 치킨이냐, 떡볶이냐!' 토론하는 거 안 보여?"

연우의 말에 다름이는 콧방귀를 뀌었어.

"난 또 뭐라고. 그게 뭐가 중요해? 나 지금 아주 중요한 생각을 하는 중이니까 말 걸지 말아 줄래?! 진짜 심각한 문제를 고민하고 있단 말이야."

그러나 연우를 비롯한 친구들은 다름이의 말에 콧방귀를 뀌었어. 그러고는 다름이가 꼭 대답을 해 줘야 한다면서 오히려 다름이 곁에 몰려들었어.

"지금 딱 5:5라서 네 대답에 따라 우승이 갈린단 말이야!"

"남다름! 말해 봐. 너도 치킨이지? 바삭바삭한 튀김옷과 부드러운 살코기! 치킨은 진리라고!"

"무슨 소리야! 매콤한 소스에 퐁당 빠진 떡과 어묵! 그 위에 쫄깃쫄깃한 치즈까지 얹어 먹으면 없던 입맛도 돌아오는 떡볶이지!"

그 어느 때보다 열정적인 토론을 벌이는 친구들의 모습에 다름이는 당황스러웠어. 토론 수업을 할 때보다도 더 뜨겁게 달아오른 열기에 어리둥절하기만 했지.

"이게 뭐라고 이렇게까지 열심히 토론을 하는 거야?"

방금 전까지 '치킨이냐! 떡볶이냐!'를 두고 아웅다웅 다투던 친구들은 다름이의 질문에 갑자기 한 팀이 되어 동시에 대답했어.

"재미있잖아!!!"

예상치 못한 대답을 듣자 다름이는 순간 정수리에 번쩍! 번개가 내리쳤어. 좋은 아이디어가 떠오른 거야.

"그래! 사람들이 쓰레기를 재미있게 버릴 수 있도록 만든다면? 바로 그거야!"

학교가 끝난 뒤, 다름이는 잽싸게 공원으로 달려갔어. 그런 다음 공원 관리 아저씨에게 내내 생각했던 아이디어를 설명했어.

"허락해 주신다면 분명히 쓰레기 문제를 해결할 수 있을 거예요!

아저씨도 쓰레기 때문에 머리가 아프다고 하셨잖아요."

"어려운 일이 아니다만……. 그 정도로 사람들이 정말 쓰레기를 제대로 버리게 될까?"

"물론이죠! 저만 믿어 보시라니까요!"

큰 소리를 쳤지만 다름이 역시 내심 불안하긴 마찬가지였어. 좋은 아이디어라고 해서 반드시 좋은 결과로 이어진다는 보장은 없기 때문이야.

'괜히 참견만 하는 건 아닐까?'

하지만 다름이는 보리를 떠올리며 마음을 굳게 다잡았어.

'사람들이 버린 쓰레기 때문에 보리는 수술까지 할 뻔했잖아. 이걸 해결하지 않으면 또 다른 강아지들이 아프게 될지도 몰라!'

며칠 뒤, 공원에는 조금 달라진 모습의 쓰레기통이 놓였어. 나란히 세워진 두 개의 쓰레기통 위에 팻말이 붙어 있었어. 쓰레기통 위에 붙은 팻말에는 다음과 같이 써 있었지.

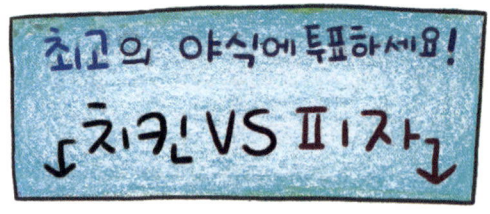

투명한 쓰레기 봉지 안으로 쓰레기가 얼마나 차 있냐에 따라 치킨에 투표를 한 사람이 더 많은지, 피자에 투표를 한 사람이 더 많은지 쉽게 알아볼 수 있었어. 사람들의 참여를 유도하기 위해 쓰레기통을 선거 투표함처럼 디자인한 거야.

'사람들이 관심을 보여야 할 텐데.'

다름이는 나무 뒤에 숨어 조마조마한 마음으로 쓰레기통을 지켜봤어. 얼마 지나지 않아 쓰레기통으로 오는 사람들이 나타났어.

"어? 이게 뭐야?"

"최고의 야식이 치킨인지, 피자인지 투표하라는데?"

다름이는 사람들이 그냥 지나갈까 손에 땀이 맺혔어. 입안의 침도 바짝바짝 말랐지.

'그냥 지나가지 마라. 제발, 제발!!!'

이때 다름이의 귀에 반가운 소리가 들려왔어.

"야식의 최고는 역시 치킨이지! 나는 치킨에 한 표!"

"무슨 소리야! 당연히 피자지! 나는 피자에 한 표!"

첫 투표를 시작으로 쓰레기통은 사람들의 큰 관심을 받으며 빠르게 채워졌어. 투표를 하고 싶어서 일부러 쓰레기를 주워 오는 사람들까지 생겼지. 자연스럽게 공원의 쓰레기들도 줄어들었어. 눈에 띄는 효

과가 나타나자 관리 아저씨는 다름이가 디자인한 쓰레기통을 공원 전체에 설치하기로 결정했어.

"공원의 쓰레기통, 남 반장 아이디어라며?"

보리와 저녁 산책을 나서는 길에 슈퍼 아저씨가 다름이에게 물었어. 다름이는 쑥스러워하며 그렇다고 대답했지.

"관리 아저씨가 남 반장 덕분에 공원에 버려진 쓰레기가 거의 없어졌다고 입이 마르도록 칭찬하던데!"

"별거 아니에요. 공원에서 원래 사용하던 쓰레기통 두 개를 붙이고 그 위에 팻말만 단 것뿐인데요, 뭘!"

"남 반장은 겸손하기까지 하네!"

슈퍼 아저씨의 말에 다름이는 볼이 발그레졌어. 보리와 함께 걷다가 공원으로 들어선 다름이는 어느새 깨끗해진 공원 풍경을 보며 만족스러운 미소를 지었어.

"쓰레기통 디자인을 바꾼 것뿐인데 진짜로 공원의 쓰레기들이 사라졌어. 너무 신기해!"

다름이는 디자인을 통해 사람들의 행동까지 바꿀 수 있다는 사실이 무척 놀라웠어. 간단한 아이디어를 발휘해 쓰레기통은 사람들의 흥미를 일으키는 물건으로 변한 거야. 게다가 단순히 흥미를 불러일으키는 데 그치지 않고, 사람들이 직접 쓰레기를 버리게 만드는 행동도 이끌어 냈지.

'디자인에는 사람들을 변화시키는 힘이 있구나!'

디자인을 하는 데는 엄청난 능력이 필요하지 않았어. 그저 문제를 해결해 더 좋게 만들고 싶다는 관심만 있으면 충분했지. 다름이는 세상을 더 좋게 변화시킬 수 있다면 앞으로도 더 유별나게 참견을 하고 다니는 남 반장이 되어야겠다고 생각했어.

디자인이 사회 문제를 **해결한다고요?**

디자인은 다양한 힘을 갖고 있어

우리는 흔히 '디자인'이라고 하면 예쁘고 아름다운 것만 생각하기 쉬워. 실제로 디자인은 아름다움을 보여 사람들에게 큰 행복을 주지. 내 취향에 딱 맞는 옷을 입었을 때 느끼는 행복에 대해 모르는 사람은 없을 거야.

그러나 디자인이 단순히 아름다운 것, 보기 좋은 것만 뜻하진 않아. 디자인은 우리가 상상하는 것보다 훨씬 많은 힘이 있거든.

디자인은 인간의 생활을 더 편리하게 만들어 주고 때론 어려움에 처한 사람들을 도와주기도 해. 환경 오염을 줄이고, 사람들의 생각에 변화를 일으키기도 하지.

디자인은 사람들의 생활 곳곳에 스며들어 있어. 우리가 사는 집, 쓰는 물건, 더 나아가 사회 역시도 다 디자인이 적용된 결과물이야. 그래서 디자인은 사회에서 일어나는 문제를 해결하는 방법이 되기도 해. 즉 디자인과 사회는 서로 떼려야 뗄 수 없는 관계이지. 그렇다면 과연 디자인은 어떻게 사회 문제를 해결할까?

물 부족 문제를 해결하는 디자인

전 세계 인구 가운데 21억 명이 집에서 깨끗한 물을 구할 수 없다는 걸 알고 있니? 수도꼭지만 돌리면 간편하게 깨끗한 물을 얻을 수 있는 우리나라와 달리 저개발국의 경우, 멀리 떨어져 있는 강까지 물을 직접 길으러 가야 해. 깨끗한 물을 구하기 위해 매일 30분 이상 걸어야 하는 어린이가 전 세계에 무려 336만 명에 이른다고 해.

그런데 힘들게 물을 가지러 간다고 해서 깨끗한 물을 얻을 수 있는 건 아니야. 강물이 오염된 경우도 많기 때문이지. 오염된 강물 속에는 몸에 해로운 미생물이나 기생충이 숨어 있거든. 그러다 보니 오염된 물을 먹고 병에 걸려 목숨을 잃는 사람도 아주 많아. 오염된 물을 마시고 사망하는 어린이가 하루에 800명이나 된다고 하니 너무나도 안

타까운 일이지.

　착한 디자이너들은 디자인을 통해 이러한 물 부족 문제를 해결할 방법을 고민하기 시작했어. 그 결과, 물 부족 문제를 해결할 디자인이 하나둘 나타나기 시작했지.

⋮ 생명을 구하는 빨대, '라이프 스트로우' ⋮

　인간을 위한 디자인을 중요하게 생각했던 디자이너, 빅타 파파넥은 오염된 물을 깨끗하게 만들어 주는 빨대를 발명했어. 바로 '라이프 스트로우'라는 빨대야. 이름 그대로 생명을 구하는 빨대라는 뜻이지. 라이프 스트로우에는 오염된 물에 사는 기생충을 모두 걸러 낼 수 있는 필터가 설치되어 있어. 빨대를 강물에 대고 쪽! 빨아들이기만 하면 필터로 나쁜 기생충이 걸러지고 깨끗한 물만 입 안으로 들어가지. 사용법이 매우 간단하고 무게도 가벼워서 휴대하기 매우 간편해. 또한 별다른 전기 충전을 안 해도 되고 필터를 따로 교환하지 않아도 계속 사용할 수 있어. 하지만 저개발국 사람들이 사용하기에는 가격이 다소 비싸다는 것이 아쉬운 점이야. 라이프

스트로우의 가격은 20달러 정도인데 이 가격은 가난한 나라에 살고 있는 사람들이 몇 달을 일해야 벌 수 있는 돈이거든. 이 때문에 대부분 기부된 돈으로 구매해서 필요한 사람들에게 전달되고 있어.

: **햇빛 정수기, '솔라 볼'** :

솔라 볼은 태양을 닮은 동그란 공 모양의 가벼운 정수기야. 미국의 대학생, 조나단 리우가 캄보디아에 갔다가 물 부족 문제를 겪고 있는 사람들을 보고 만들었지.

솔라 볼은 공 모양이기 때문에 들고 다니기 매우 편해. 축구공처럼 데굴데굴 바닥에 굴릴 수도 있지. 또 전기를 따로 연결할 필요도 없기 때문에 전기가 부족한 저개발국에서 사용하기가 편리해. 사용법 역시 매우 간편해. 공 모양의 정수기 안에 더러운 물을 담은 뒤, 햇빛 아래 두면 끝이야. 뜨거운 햇빛에 더러운 물질은 증발하고 깨끗한 물만 남는 원리를 이용한 거야. 햇빛만 있으면 하루에 무려 3리터나 되는 물을 깨끗하게 만들 수 있다고 해.

환경 문제를 해결하는 에코 디자인

　환경 문제는 현재 전 세계인들이 가장 주목하는 화두야. 세계 곳곳에서 환경 오염을 줄이기 위한 노력을 기울이고 있어. 덴마크와 케냐에서는 비닐봉지 사용을 중지했어. 아일랜드는 비닐봉지에 세금을 부과해 사용량을 90%나 줄이는 데 성공했지. 유럽의 국가들이 모여 만든 유럽 연합은 2021년부터 빨대와 면봉을 만들 때 플라스틱을 사용하지 못하도록 막을 계획이라고 해. 우리나라 역시 플라스틱을 덜 쓰게끔 이끄는 정책을 펼치고 있지.

　이런 과정에서 등장한 것이 바로 '에코 디자인'이야. 에코 디자인이란 물건을 만들고 사용하는 모든 과정에서 환경을 생각하는 디자인이지. 환경에 나쁜 재료를 사용하지 않으면서 사람들이 오랫동안 사용할 수 있는 튼튼한 물건을 만드는 디자인이야. 또 물건이 버려지고 난 뒤에도 환경을 오염시키지 않는 것까지 생각하지. 에코 디자인에는 어떤 것들이 있는지 알아볼까?

: 땅에 버리면 식물이 자라나는 포장지, '씨앗 포장지' :

크리스마스나 생일 같은 기념일마다 우리는 예쁜 포장지로 선물을 포장해. 그런데 포장지는 한 번 쓰고 대부분 버려지지. 이렇게 버려지는 포장지의 양이 1년에 무려 지구를 아홉 번이나 감을 정도라는 거 알고 있니?

'한 번만 사용하고 쓰레기가 되는 포장지를 환경에 해가 되지 않게 만들 수는 없을까?'

이런 고민에서 시작된 아주 특별한 포장지가 있어. 바로 영국의 에덴스 페이퍼라는 회사에서 만든 씨앗 포장지야. 이 포장지의 모습은 다른 포장지들과 크게 다르지 않아. 포장지 겉면에 토마토, 당근, 브

로콜리, 해바라기 등 예쁜 식물 그림이 그려져 있는 종이지. 다른 포장지들과 가장 큰 차이가 있다면 다 쓴 다음 쓰레기통에 버리는 대신 땅에 심는다는 거야.

포장지 안에는 씨앗이 70개나 박혀 있는데 포장지를 사용한 뒤, 땅에 묻으면 식물이 자라나. 토마토 포장지를 심으면 토마토가 자라고, 당근 포장지를 심으면 당근이 자라지! 단순히 포장지 속에 씨앗만 넣는다고 해서 모든 포장지에서 식물이 자랄 수 있는 건 아니야. 에덴스 페이퍼에서 고안한 비법이 있었기에 가능한 거지. 일단 이 포장지는 자연에 해로운 접착제나 화학성 잉크를 전혀 사용하지 않았어. 포장지 안에는 식물이 잘 자랄 수 있는 비료 성분이 들어 있지. 그렇기 때문에 흙에 묻고 물만 주면 포장지에서 식물이 무럭무럭 자랄 수 있는 거야. 쓰레기를 줄이고 식물까지 키울 수 있는 재미있는 포장지여서 많은 사랑을 받고 있어.

: **버려진 방수 천을 멋진 가방으로! '방수 천 가방'** :

버려진 쓰레기를 새로운 물건으로 만들어 다시 사용하게 하는 것 역시 좋은 에코 디자인이야. 아무리 환경을 덜 오염시키는 물건이라고 해도 '새로' 만드는 것보다 버려지는 쓰레기를 다시 재활용하는 것이 환경에 더 이롭기 때문이지. 이렇게 버려지는 물건을 새롭게 디자인해 완전히 다른 물건으로 재탄생시키는 것을 '업사이클링'이라고 해. 최근 전 세계적으로 주목을 받고 있는 일이지. 여기 '업사이클링'으로 가장 유명해진 형제가 있어. 바로 스위스의 프라이탁 형제야.

비가 변덕스럽게 내리는 도시에 살던 프라이탁 형제는 비에도 잘 젖지 않는 가방이 필요했어.

"대체 무엇으로 만들어야 가방이 잘 젖지 않을까?"

프라이탁 형제의 눈에 들어온 것은 버려진 방수 천이었어. 방수 천은 물에 잘 젖지 않게 만든 천으로, 주로 물건이 비를 맞지 않게 덮어 두는 용도로 사용해. 프라이탁 형제는 버려진 방수 천으로 물에 젖지 않는 가방을 만들기로 했어.

우선 방수 천으로 가방 몸통을 만들고 버려진 자동차 안전벨트로

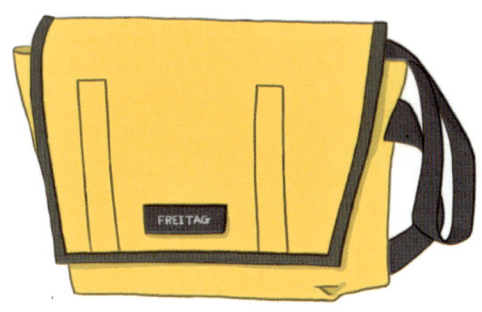

끈을 만들었어. 질긴 방수 천으로 만들었기 때문에 가방은 10년 이상 사용해도 찢어지거나 물이 샐 염려가 없을 만큼 매우 튼튼했지. 또한 버려진 방수 천들을 조각조각 이어 붙여 만든 것이기 때문에 모든 가방의 디자인이 제각기 달랐어. 똑같은 디자인이 하나도 없는 거지. 방수 천 가방을 구매하는 소비자들은 이 점을 매우 재미있어 했어. 현재 프라이탁 형제는 업사이클링 패션의 선두 주자로 불리고 있어.

: 눈에 보이지 않던 전기를 빛으로 보여 주는 '전기 사용 알림 코드' :

스웨덴에 사는 안톤 구스타프손과 망누스 퀼렌스베르드가 함께 만든 '전기 사용 알림 코드' 역시 환경을 생각하는 좋은 디자인이야. 우

리는 매일 전기를 사용해. 하지만 전기는 눈에 보이지 않기 때문에 얼마나 사용하고 있는지, 어디에서 낭비되는지 잘 알 수 없지.

"전기를 눈에 보이게 만든다면 사람들이 낭비되는 전기를 절약할 수 있지 않을까?"

이러한 생각에서 출발한 것이 바로 '전기 사용 알림 코드'야. 전기 사용 알림 코드는 보이지 않는 전기를 빛으로 보여 줘서 전기 절약을 유도해. 전자 제품을 사용하고 있지 않아도 전원이 켜져 있거나 플러그가 연결되어 있으면 전기가 흐르거든. 그런데 전기 사용 알림 코드를 사용하면 전기의 흐름을 빛으로 볼 수 있으니 어디에서 전기가 흐르는지 바로 알아차릴 수 있어. 이를 통해 전기가 낭비되는 걸 막을 수 있는 거지.

사람들의 생각에 변화를 일으키는 디자인

디자인은 오래된 생각에 변화를 일으키기도 해. 단단한 편견을 깨부수고 관심 없던 것에 관심을 불러일으키기도 하지. 여기 사람들의 생각에 변화를 일으킨 디자인의 좋은 예가 있어.

: 소외된 존재에 대한 관심을 불러일으킨 '노숙자 수레' :

폴란드 출신의 디자이너, 크지슈토프 보디츠코는 어느 추운 겨울, 뉴욕의 빌딩 앞에서 버려진 타이어를 태우고 있는 노숙자들을 보았어. 집이 없는 노숙자들이 추위를 견디다 못해 타이어를 주워 와 몸을 녹이고 있었던 거야. 크지슈토프는 그제야 노숙자들이 누구에게도 도움을 받지 못한 채 그림자 취급을 당한다는 것을 깨달았어. 노숙자들은 도시에서 함께 살아가는 존재들인데도 사람들은 그들을 아예 안 보이는 대상으로 취급하거나 피하기 바빴거든. 사실 그 누구보다 사람들의 도움이 절실히 필요한 이들이었는데도 말이지. 그래서 크지슈토프는 노숙자들을 위한 물건을 디자인하기로 결심했어. 바로 '노숙자 수레'야.

노숙자 수레는 마치 로켓처럼 생긴 거대한 수레야. 매우 크고 길쭉하기 때문에 수레 안에서 노숙자들이 잠을 잘 수도 있어. 바퀴가 달려 있어 이동하기도 편리하지. 또 수레 앞쪽에는 원뿔형 덮개가 달려 있는데 이 덮개를 젖히면 물을 받아 세수를 하는 대야로 활용할 수 있어. 노숙자 수레는 그 자체로 노숙자들의 이동 수단인 동시에 편안하게 쉴 수 있는 공간인 거야.

이와 동시에 노숙자 수레는 노숙자들에 대한 사람들의 관심을 불러 모았어. 노숙자들이 로켓처럼 생긴 커다란 수레를 밀며 도시 이곳저곳을 누비는 모습은 매우 눈에 띄었거든. 이를 통해 사람들은 노숙자들도 우리와 함께 살아가는 존재라는 것을 깨닫게 되었지. 보디츠코는 디자인을 통해 무관심하게 소외되었던 존재에 대한 관심을 불러일으킨 거야.

: 기발한 발상으로 사람들의 변화를 끌어내는 '넛지 디자인' :

사람들의 행동을 변하게 하는 디자인도 있어. 바로 넛지 디자인이야. 넛지 디자인에서 '넛지'란 '팔꿈치로 쿡 찌른다'는 뜻이야. 수업 시간에 짝꿍이 멍하게 있으면 팔꿈치로 옆구리를 쿡 찔러 집중하라고 알려 주지? 바로 이처럼 부드럽게 개입하여 사람들의 자연스러운 참

'넛지 디자인'

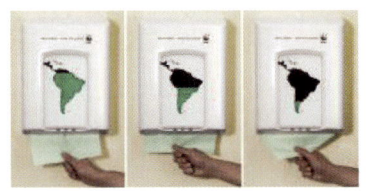

출처: World Wide Fund for Nature

여를 이끌어 내는 것이 바로 넛지 디자인이야.

  넛지 디자인이 잘 활용된 아주 좋은 예가 있어. 세계자연기금(WWF)이 아마존 숲을 지키기 위해 만든 휴지 보관함이야. 아마존은 전 세계 산소의 20%를 생산하고 있어서 지구의 허파라고도 불리는 열대 우림이야. 그런데 현재 환경 오염과 무분별한 개발로 인해 큰 위기에 처해 있지.

  세계자연기금은 사람들이 자주 사용하는 화장실 휴지 보관함에 아마존이 있는 남아메리카 대륙 모양의 구멍을 뚫었어. 그리고 그 안에 초록색 휴지를 가득 채웠지. 이 모습은 꼭 남아메리카 대륙이 초록색 나무로 가득 차 있는 듯 보여.

  그런데 사람들이 휴지를 뽑아 쓰면 초록색 휴지가 점점 사라지면서 남아메리카 대륙 모양의 구멍은 까맣게 비어 버리게 돼. 마치 아마존 숲에서 초록 나무들이 사라진 모습처럼 말이야. 이 때문에 사람들이 휴지를 아껴 쓰게 되고 더불어 아마존 숲에 대해 한 번 더 생각하게 돼. 기발한 넛지 디자인을 통해 휴지를 절약하게 만들고 아마존 문제에 대한 관심까지 불러일으킨 거야.

이야기 셋

공룡 병원으로 놀러 오세요!

미국에서 건축 디자이너로 일하는 크리스틴은 큰 고민에 빠졌어. 바로 얼마 전에 새롭게 부탁받은 일 때문이야. 크리스틴에게 디자인을 의뢰한 곳은 시카고에 위치한 한 아동 병원이었어. 그곳은 아픈 어린이들을 치료하는 대형 병원이었지.

"우리는 새 어린이 병원을 지을 계획입니다. 어린이 환자들의 회복을 도울 수 있는 디자인을 해 주세요!"

"예? 환자들의 회복을 도울 수 있는 디자인을 해 달라고요?"

크리스틴은 자신이 잘못 들은 줄 알고 되물었어. 환자들의 회복을 도울 수 있는 디자인이라니. 그런 의뢰는 처음 받아 봤거든.

"네, 어린이 환자들의 회복을 위한 디자인이 필요해요!"

의뢰를 받은 지 일주일이나 지났지만 크리스틴의 머릿속은 여전히 물음표로 가득 차 있었어. 어떻게 디자인해야 할지 감조차 잡히지 않았거든. 크리스틴은 그동안 건축 디자이너로 일하며 별의별 의뢰를 많이 받았어.

'예쁜 바구니 모양의 건물을 만들어 주세요!'

'지붕이 양쪽으로 열리는 집이 필요해요!'

그 어떤 특이한 요청에도 크리스틴은 성심성의껏 디자인을 완성했지. 그런데 환자들의 회복을 도와주는 디자인은 정말 난생 처음 듣는 말이었어.

'디자인으로 환자들의 회복을 돕는다니 그게 가능한 일일까?'

크리스틴은 문득 어린 시절이 떠올랐어. 사실 크리스틴은 어릴 때 몸이 매우 약해서 병원에 입원한 적이 몇 차례나 있었지. 가만히 눈을 감고 어릴 때의 기억을 떠올리니 잊고 지냈던 장면들이 생각났어.

차가운 벽, 눈이 부신 조명, 삭막한 치료실, 뾰족하고 무서운 치료 기구들……. 크리스틴은 그 순간 눈을 번쩍 떴어.

"헉!"

오랜 시간이 지났지만 병원에 대한 두려움은 크리스틴의 기억 속에 여전히 남아 있었지. 사실 어른이 된 지금도 크리스틴은 병원에 가는 일이 두려웠어. 어른이 병원을 두려워한다고 하면 겁쟁이라고 비웃음을 당할까 봐 겉으로 드러내지 않을 뿐이었지.

'아마 나처럼 아직도 병원을 두려워하는 어른들이 아주 많을 거야. 어른도 두려운데 어린이들은 얼마나 무서울까? 내가 좋은 디자인으로 어린이 환자들을 도울 수 있다면 좋을 텐데.'

하지만 여전히 어린이 병원을 어떻게 디자인해야 할지 막막하기만 했지. 그래서 일단 근처에 있는 어린이 병원에 직접 가 보기로 했어.

크리스틴은 로비와 병실, 치료실까지 병원 곳곳을 꼼꼼히 둘러봤어. 어린이 병원이라고 해서 다른 병원과 크게 다를 건 없었어. 이름만 어린이 병원일 뿐, 어른들이 다니는 병원과 디자인은 비슷했지.

"흠. 일반적인 병원과 크게 다를 바 없군."

어린이 병원을 직접 둘러보아도 크리스틴의 머릿속은 여전히 텅 비어 있었어. 결국 별 소득 없이 발길을 돌릴 수밖에 없었지.

그런데 병원을 나서려는 순간, 어디선가 큰 울음소리가 들려왔어.

"으아아아아아앙!!!"

크리스틴은 깜짝 놀라 주변을 둘러봤어. 병원 입구에 서 있는 한 아이가 눈에 들어왔지.

"안 들어갈 거야! 병원 싫어! 집에 가!"

"티모시, 병원에서 치료를 받아야 아프지 않지."

병원에 들어오지 않겠다고 떼를 쓰며 우는 아이와 아이를 달래는 부모가 서 있었어. 아이의 부모가 아무리 사정을 해도 아이는 병원에 들어가지 않겠다고 온몸에 힘을 주고 버텼어.

'얼마나 무서우면 저럴까.'

크리스틴은 아이의 마음을 이해할 수 있었어. 자신 역시 어렸을 때 그런 두려움을 겪어 봤기 때문이야.

"저런 일이 하루에도 몇 번씩이나 벌어진답니다."

때마침 옆을 지나던 간호사가 말을 걸었어.

"병원에 가는 걸 무서워하는 하는 아이들이 그렇게나 많은가요?"

크리스틴의 질문에 간호사는 고개를 끄덕이며 대답했지.

"아무래도 아이들에게는 병원이 무서운 곳이니까요. 일단 병원에 들어오게 하는 것부터가 엄청난 미션이죠. 사탕을 준다고 해도, 장난감을 준다고 해도 싫다고 해요. 부모와 의료진들이 돌아가면서 달래기도 하는데 실패할 때가 많아요."

간호사의 말을 듣자 크리스틴의 마음은 무거워졌어. 이렇게나 큰

병원을 찾는 아이들은 치료가 다급한 경우가 많거든.

"병원에 들어오는 것조차 무서워하는데 치료실에서 치료를 받는 건 또 어떻겠어요. 치료는커녕 검사 한 번 하기조차 쉽지 않아요. 그렇다고 치료를 안 받을 수도 없고……. 안타까운 일이죠."

간호사는 급한 용무가 생겼는지 금세 자리를 떠났어.

여전히 티모시는 병원에 들어가지 않겠다고 떼를 쓰고 있었지. 이제는 아예 병원 바닥에 드러누워 울고 있는 탓에 티모시의 부모는 식

은땀만 뻘뻘 흘리고 있었어. 그 모습을 바라보던 크리스틴은 간호사와 나눈 대화를 곱씹었어.

'아이들이 병원에 들어오는 것 자체를 그렇게나 무서워한다면 일단 병원을 무섭지 않게 느끼도록 만들어야 하는 거 아닐까? 아냐, 무섭지 않게 느끼는 것으로는 부족해…….'

잠시 생각에 빠져 있던 크리스틴은 눈을 번쩍 떴어.

'그래, 병원을 아이들이 좋아하는 곳, 오고 싶은 곳으로 만들어야

해! 하지만 대체 어떻게?!'

숙제를 안고 사무실로 돌아온 크리스틴은 먼저 어린이들에 대한 자료를 수집하기 시작했어. 아이들이 좋아하는 동물부터 장난감, 애니메이션까지! 일단 아이들의 심리를 알아야 아이들이 좋아하는 병원을 만들 수 있을 거라고 생각한 거야. 어릴 적, 병원에 입원했던 자신의 경험 역시 좋은 자료가 되었지.

몇 날 며칠, 고민을 거듭한 끝에 크리스틴은 마침내 어린이들을 위한 병원 디자인을 완성했어.

"저는 즐겁고 신나는 병원을 아이들에게 선물할 겁니다. 마치 놀이터처럼 재미있게 치료를 받을 수 있는 병원 말이죠!"

크리스틴은 아이들이 더 이상 병원을 두려워하지 않고, 재미있게 치료를 받게 된다면 병원에 온 기억마저 좋은 추억이 될 수 있을 거라고 보았어. 그것이 바로 어린이 환자들의 회복을 돕는 디자인이라고 생각했지.

크리스틴의 디자인을 확인한 병원에서 일을 진행해도 좋다는 허락이 떨어졌어. 크리스틴은 차근차근 계획대로 새롭게 디자인된 병원을 만들기 시작했어. 병원 입구에서 병실, 치료실까지 크리스틴의 손길이 닿지 않은 곳이 없었어.

밤낮없이 일에 매진하던 크리스틴은 병원의 완성이 가까워지자 마음이 불안해졌어.

'어린이들이 내가 만든 병원을 좋아해야 할 텐데……. 과연 내가 만든 디자인이 어린이 환자들에게 힘이 될 수 있을까?'

그럴 때마다 크리스틴은 애써 자신을 다독이며 어린이 환자들만 생각하기로 했어. 어린이를 향한 진실된 마음을 잃지 않으려 애썼지.

그로부터 몇 달 뒤, 크리스틴이 디자인한 어린이 병원이 문을 열었어. 크리스틴은 로비에 앉아 어린이 환자들의 반응을 살피기로 했어. 때마침 한 아이가 부모와 함께 병원 안으로 들어섰어.

'왔구나!'

크리스틴은 너무나 긴장한 나머지 입 안이 바싹 말랐어. 아이는 자신이 도착한 장소가 병원이라는 사실에 겁을 먹고 입구에서 주춤거리며 눈물을 글썽였어.

"무서워요. 안 들어갈래요."

엄마가 아이를 달래 보려고 해도 아이는 고개를 세차게 저으며 뒷걸음질 쳤어.

"싫다고요!"

그 모습을 지켜보는 크리스틴의 마음은 매우 무거웠지. 그런데 아이가 갑자기 무언가 발견하고는 눈을 반짝거렸어.

"어? 공룡?"

아이는 제 발로 병원 안으로 성큼성큼 들어왔어. 꽉 붙잡고 있던 엄마의 손도 내팽개친 채 말이야.

"엄마, 이거 봐요! 공룡이에요, 공룡! 내가 제일 좋아하는 트리케라톱스도 있어요!"

아이는 커다란 벽에 그려진 공룡 그림 앞에서 신난 듯 폴짝폴짝 뛰었어.

크리스틴은 어린이 병원에 들어오자마자 보이는 벽 전체에 멋있는 공룡 그림을 그렸어. 티라노사우루스부터 브라키오사우루스, 트리케라톱스, 벨로키랍토르까지! 일단 병원으로 들어오는 것 자체를 무서워하는 아이들에게 공룡 그림으로 흥미를 끌기 위해서였어. 하얗고 삭막하기만 한 벽이 어린이 환자들의 두려움을 키울 수 있다고 생각했거든. 그래서 아이들이 좋아하는 공룡 그림을 그려 넣었지.

그 후로도 어린이 환자들이 하나둘 공룡 그림을 보고 병원 안으로 달려 들어왔어. 그 모습을 본 크리스틴은 그제야 안도의 한숨을 내쉬었어.

'정말 다행이야!'

크리스틴은 발걸음을 옮겨 병실로 향했어. 병실 역시 크리스틴의 고민이 가득 들어간 공간이었지.

"내 방은 공룡 방이지롱!"

"내 방에는 엄청 큰 우주가 그려져 있거든?!"

"난 물고기 방이야! 엄청 큰 고래도 있다!"

크리스틴은 환자복을 입은 채 귀엽게 자랑하는 어린이 환자들을 보고 미소 지었어. 크리스틴은 병실 역시 아이들이 좋아하는 것들로 디자인했어. 어떤 병실은 공룡 그림이 가득한가 하면 어떤 병실은 바닷속에 잠긴 것처럼 물고기와 고래가 헤엄치는 그림이 그려져 있었지.

이때 누군가 크리스틴에게 다가와 물었어.

"누구세요?"

환자복을 입은 어린이 환자였어. 그런데 자세히 살펴보니 어딘가 익숙한 얼굴이었어. 바로 몇 달 전, 병원에 들어오지 않겠다고 떼를 쓰던 티모시였어.

"안녕? 나는 이 병원을 만든 디자이너 크리스틴이라고 해. 네 병실도 내가 만들었단다."

크리스틴의 대답에 티모시는 깜짝 놀라며 눈을 동그랗게 떴어.

"이 병원을 만들었다고요? 제 방도요?"

"그래. 어때? 방이 마음에 드니?"

티모시는 수줍게 고개를 끄덕였어.

"다행이구나."

티모시는 호기심 어린 눈빛으로 물었어.

"이런 병원은 처음 봐요. 천장에도 물고기가 있고, 바닷속 풍경이 있어요. 근데 왜 이런 그림들이 있는 거예요?"

크리스틴은 싱긋 웃으며 대답했어.

"나도 어릴 때 몸이 아파 병원에 입원한 적이 있었거든. 병원 침대에 가만히 누워 있으면 하얀색 천장이 너무 삭막하고 무서웠지. 그래서 혼자 눈을 감고 상상했어. 물고기와 고래가 둥둥 떠다니는 바닷속을! 그럼 꼭 물고기와 고래가 나한테 말을 거는 것 같았거든."

크리스틴의 대답에 티모시는 신이 나 말했어.

"저도 밤마다 물고기 친구들이랑 인사를 해요. 물고기들이 꼭 저한테 말을 걸어 주는 것 같거든요! 그래서 전에 있었던 병원은 무서웠는데 여긴 안 무서워요."

티모시의 말에 크리스틴은 마음이 뿌듯했어.

티모시와 인사를 나눈 크리스틴은 검사실을 살펴보기 위해 발길을 옮겼어. 검사실 창문으로 안을 조심스레 들여다보자 한 어린이 환자가 장난감을 가지고 놀고 있었어. CT 검사를 하는 기계와 똑같은 모양으로 만든 장난감이었지. 환자들이 치료를 받기 위해서 우선 CT라는 기계 안에 들어가 검사를 해야 돼. 이 검사 기계는 환자들의 몸에서 어디가 어떻게 아픈지 몸속 모습을 찍어 주거든. 그렇기 때문에 치료를 받기 전에 반드시 거쳐야 하는 과정이었지.

그런데 이 검사를 받으려면 어두운 기계 속에 혼자 가만히 누워 있어야 해서 어린이 환자들의 경우, 겁을 먹을 때가 많았어. 그래서 크리스틴은 검사 기계와 똑같은 장난감을 만들었어. 어린이들이 검사 기계와 똑같이 생긴 장난감을 가지고 놀면서 기계에 대한 두려움을 없애게 하려는 의도였지. 이렇게 놀이를 하면서 어린이들은 자신이 받는 검사에 대해 이해할 수 있었어.

"코끼리 인형의 몸속을 찰칵찰칵 찍어 볼까 하는데 도와주겠니?"

검사를 안내해 주는 선생님이 어린이 환자에게 말하자 아이는 크게 외쳤어.

"제가 해 볼래요! 제가!"

어린이 환자는 장난감 기계 속에 코끼리 인형을 조심스럽게 눕히고, 기계 속으로 천천히 밀어 넣었어. 그러자 검사실에 달린 모니터에서 기계 속으로 들어가는 코끼리 인형의 모습이 그림으로 떠올랐지.

"와! 코끼리 사진이 찰칵찰칵 찍혔어요! 이번에는 기린 사진을 찍어 볼래요!"

병원놀이를 하는 것처럼 신이 난 어린이 환자를 보고 크리스틴의 얼굴에는 미소가 떠올랐어.

"자, 어때? 재미있지? 아만다, 이번에는 네가 검사를 직접 받아 볼 차례인데 코끼리 인형처럼 씩씩하게 잘할 수 있겠니?"

"네!"

어린이 환자는 선생님의 손을 잡고 크리스틴의 앞을 씩씩하게 지나갔어. 검사도 무사히 마칠 수 있었지. 어린이의 눈으로 바라본 디자인으로 어린이 환자가 검사실을 친근하고 재미있게 느끼게 만든 거야.

얼마 뒤, 크리스틴은 병원에서 일하는 의사에게서 좋은 소식을 전해 들었어.

"어린이 환자들을 위한 디자인 덕분에 검사 시간이 20%나 줄어들었어요. 게다가 우리 병원이 어린이들 사이에서 '공룡 병원'으로 유명해졌다고 하네요. 크리스틴 씨의 디자인이 어린이 환자들에게 좋은 영향을 미치고 있어요. 감사합니다!"

전화를 끊은 크리스틴은 어린이 환자들이 하루 빨리 병을 이겨 내고 씩씩하게 집으로 돌아가길 기도하며 미소 지었어.

디자인이 세상을
밝게 만든다고요?

사람들에게 웃음을 선사하는 디자인

미국의 산업 디자이너, 헨리 드레이퍼스는 디자인에 대해 이렇게 말했어.

"사람들을 좀 더 행복하게 할 수만 있어도 그 디자이너는 성공을 거둔 것입니다!"

헨리 드레이퍼스는 디자이너가 사람들에게 행복을 선사하는 직업이라고 생각했어. 헨리 드레이퍼스의 생각대로 우리는 재미있는 디자인을 통해 행복과 웃음을 얻기도 해.

하루에도 몇 번씩 뽑아 쓰는 휴지 상자가 사람 얼굴 모양이라면 어떨까? 그것도 휴지가 콧구멍에서 나온다면 말이야. 마치 콧구멍 밖으로 쏙 빠져나온 휴지가 콧물처럼 보여서 웃음을 참을 수 없을 거야. 피부를 촉촉하게 만들어 주는 마스크팩에 팬더나 호랑이 같은 동물무늬가 그려져 있다면 어떨까? 친구와 함께 마스크팩을 하는 동안 서로 얼굴을 보며 큭큭 웃음을 터뜨리겠지. 이처럼 우리가 매일같이 사용하는 물건에도 사람들에게 웃음을 주기 위한 디자이너들의 노력이 들어가 있어. 이런 사소한 디자인 하나로 우리는 평범한 일상에서 소중한 웃음을 얻는 거야.

프라토네(PRATONE) 체어는 사람들에게 웃음을 주는 가구 디자인으로 유명해. 프라토네 체어는 이탈리아의 디자이너인 조르지오 세레티, 피에로 데로시, 리카르도 로쏘가 함께 만든 아주 특별한 의자야. 이탈리아어로 '잔디 의자'라는 뜻이지.

이 의자는 일반적인 의자의 디자인과 매우 달라. 거대한 잔디가 높이 솟아 있는 모양이거든. 높이가 무려 95센티미터(cm)나 돼. 그래서 이 의자에 앉기 위해서는 커다란 잎사귀를 헤쳐 들어가거나 몸을 공중으로 힘껏 던져야 돼.

처음 이 잔디 의자가 세상에 나왔을 때 사람들은 일반적인 의자와는 많이 다른 디자인에 당황했어.

'의자라면 다리와 등받이가 있어야 하는 거 아니야?'

잔디 의자를 만든 세 디자이너는 사람들의 고정관념을 과감히 깨뜨리려고 했던 거지. 처음엔 당황했던 사람들도 막상 이 잔디 의자에 한 번 누워 보면 다들 반할 수밖에 없었어. 마치 소설 《이상한 나라의 앨리스》의 주인공처럼 몸이 작아져 커다란 잔디 속에 폭 파묻힌 느낌을 주기 때문이야. 동화 속 세상에 들어온 것처럼 정말 재미있는 기분이 들거든!

두려움을 없애고 힘을 주는 디자인

병원이 두렵고 무서워서 떨었던 경험은 누구나 있을 거야. 그런데 병원에 대한 두려움을 없애고 환자들에게 힘을 주는 디자인이 있어.

미국에 있는 몬테피오레 아동 병원은 어린이 환자들을 위해 병실과 치료실을 어린이들이 좋아하는 모습으로 꾸몄어. 병실에 들어가면 멋있는 공룡 그림이 어린이 환자들을 반기지. 치료실은 자유롭게 헤엄치는 거북이와 돌고래 사진으로 둘러싸여 있어. 그곳에 있노라면 환자들도 바닷속에 풍덩 빠진 기분이 느껴져. 힘든 치료를 받아야 하는 어린이 환자들에게 두려움을 없애고 친근감을 주는 디자인으로 힘을 주는 거야.

루터란 종합 어린이 병원 역시 디자인으로 어린이 환자들에게 힘을 주는 것으로 알려졌어. 어디가 어떻게 아픈지 알기 위해서는 CT라고 하는 커다란 기계로 몸을 찍어야 해. CT는 심장, 폐, 위 등등 우리의 몸속에 있는 여러 가지 장기의 모습을 찍어 주는 사진기인 셈이야. 이 사진이 제대로 찍히려면 커다란 기계 위에 가만히 누워 움직이지 않고 있어야 해.

그런데 어린이 환자들은 대부분 처음 보는 낯선 기계 속에 들어가 가만히 누워 있는 일에 두려움을 느꼈어. 그래서 검사를 하기도 전에 울음을 터뜨리거나 아예 검사를 받지 않겠다고 몇 시간 동안 버티기도 했지. 용기를 내서 겨우 검사대 위에 누웠다가도 갑자기 위험하게 발버둥치는 일도 많았어.

하지만 어린이 환자들이 두려워한다고 해서 검사를 안 할 수는 없어. 우리의 몸속 장기 중 어디가 어떻게 아픈지 알기 위해서는 반드시 필요한 과정이었기 때문이야.

'어떻게 하면 어린이 환자들이 검사기를 무서워하지 않을까?'

깊은 고민 끝에 루터란 병원에서는 대기실에 미니 검사기를 설치했

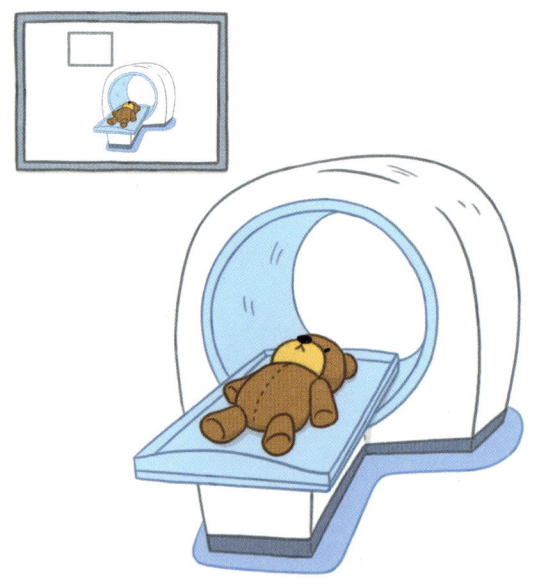

어. 어린이들이 검사를 할 때 사용하는 검사기를 어린이들의 눈높이 맞춰 장난감으로 만든 거야. 어린이들이 장난감 검사기에 인형을 넣으면 커다란 화면에 인형이 검사를 받는 모습이 그림으로 등장해.

어린이 환자들은 이러한 놀이를 하면서 검사기를 친숙하게 느끼게 되었지. 그리고 자신이 받을 검사에 대해 자연스럽게 공부도 할 수 있었어. 검사기를 더 이상 무서운 기계가 아니라 몸속 곳곳을 찍어 주는 멋진 사진기로 생각하게 된 거야.

이러한 디자인을 한 결과, CT 촬영에 대한 어린이 환자들의 두려움은 매우 줄어들었다고 해. 실제로 검사 시간이 예전보다 15~20% 줄어들었거든. 디자인으로 병원과 검사 기계를 친근하게 느끼도록 만든 좋은 예야.

우리 사회의 어둠을 없애는 디자인, 셉테드

우리 사회에는 매우 다양한 면이 있어. 재미있고 아름다운 일들이 매일 같이 생겨나는가 하면 보이지 않는 곳에서 무서운 범죄가 일어나기도 해. 우리가 살아가는 세상에는 빛과 어둠이 모두 있거든. 그런데 디자인에 범죄를 예방하는 힘이 있다는 것을 알고 있니?

셉테드(CPTED, crime prevention through environmental design)는 범죄가 일어나지 않도록 도시의 환경을 설계하는 디자인이야. 어두운 골목길에 가로등을 세워 길을 훤히 밝히고, CCTV를 설치해 사람들의 불안한 마음을 잠재우는 것도 셉테드의 좋은 예야.

셉테드는 미국의 건축가, 오스카 뉴먼을 통해 널리 알려졌어. 캄캄한 밤에 가로등 불빛 하나 없는 골목을 혼자 걸어가려면 매우 무섭지? 괜히 나쁜 일이 벌어질 것 같기도 하고 말이야. 오스카 뉴먼은 이렇게 사람들이 두려워하는 환경에서 실제로 범죄도 많이 일어난다는 사실을 밝혀냈어.

1970년 대 미국에서 대도시 범죄가 심각한 사회 문제로 등장했어. 뉴욕대학교에서 건축학을 가르치던 오스카 뉴먼은 어느 두 마을에 대해 연구를 하던 중 의문을 품었어.

"A 마을과 B 마을은 도시 크기와 사는 사람들의 수도 비슷하군. 그런데 왜 A 마을이 B 마을보다 범죄가 3배나 더 많이 일어나는 거지? 대체 무슨 이유 때문일까?"

뉴먼은 연구 끝에 두 마을의 공간 디자인으로 인해 범죄 발생률에 차이가 생긴다는 사실을 알게 됐어. 공간이 어떻게 디자인되어 있느냐에 따라 범죄가 더 많이 일어날 수도, 적게 일어날 수도 있다는 것을 알아낸 거야. 뉴먼의 생각은 여기에서 멈추지 않았어.

"공간 디자인에 따라 범죄율이 달라진다면…… 범죄가 많이 일어나는 디자인을 피한다면 범죄를 막을 수도 있지 않을까?"

그래서 그는 범죄를 막는 디자인, 셉테드에 대한 중요성을 많은 사람들에게 알리기 시작했어.

"막다른 골목이나 사람들 눈에 잘 보이지 않는 사각지대를 없애야 합니다! 범죄를 유발할 수 있기 때문입니다!"

"어두운 골목에 더 많은 가로등과 CCTV를 달아야 합니다! 또 놀이터나 산책로 같은 곳을 늘려 사람들이 많이 지나다니게 한다면 범죄자들이 감히 범죄를 일으킬 생각을 하지 못할 것입니다!"

뉴먼 덕분에 셉테드에 대한 사람들의 관심은 매우 커졌어. 도시를 디자인할 때 첫 단추부터 안전을 고려해야 한다는 인식이 널리 퍼졌지. 그 결과 미국, 영국 등 선진국에서는 범죄 환경을 예방할 수 있도록 셉테드에 대한 법을 만들어 실시하게 되었지.

우리나라가 셉테드에 관심을 갖기 시작한 것은 1990년대부터야. 2005년 처음으로 경기도 부천시가 주택 단지를 셉테드 시범 지역으로 지정했어. '범죄예방디자인 연구정보센터'를 세워 도시 곳곳에 셉테드가 더 적극적으로 적용되도록 노력하고 있지. 현재 우리나라에서는 어떤 방식으로 셉테드가 적용되고 있는지 알아볼까?

: 가로등 불빛을 밝게 조절하기 :

가장 대표적인 셉테드 디자인은 가로등 불빛을 밝게 조절하는 거야. 어두운 골목길에 가로등 밝기가 조금만 밝아져도 범죄가 줄어든다는 연구 결과가 있거든. 건축도시공간연구소에 따르면 가로등의 영향 범위가 1제곱킬로미터(km^2)씩 넓어질수록 5대 범죄가 16% 감소하는 결과가 나타난대. 또한 전봇대를 시선이 확 끌리는 노란색 페인트로 칠하고, 그 위에 골목의 번호가 표시된 이름표를 다는 것도 범죄를 예방하는 좋은 방법이야.

: 솔라 표지병 :

솔라 표지병은 낮에 태양열을 저장해 뒀다가 밤에 빛을 내는 태양광 충전식 조명이야. 바닥에 설치된 전구라고 생각하면 되지. 가로등 불빛이 약하거나 가로등을 세우기 어려운 길에 설치할 수 있어. 가로등보다 공간을 많이 차지하지 않고 간격 조절이 쉽기 때문이야. 어두운 밤에도 전등을 켜놓은 것처럼 주변을 밝게 만들어 주어서 사람들의 귀갓길이 안전해져. 또한 운전자의 밤길 운전에도 도움을 줘. 낮 동안 태양광을 저장했다가 전기를 공급하기 때문에 전기료가 안 든다는 장점이 있어. 낮 동안 1시간만 충전해도 3일 동안 빛을 낼 수 있거든. 또한 특수 강화유리 재질로 만들어졌기 때문에 40톤의 무게도 견딜 수 있을 만큼 튼튼해.

: 벽화 그리기 :

범죄 심리학 용어 가운데 '깨진 유리창 이론'이라는 말이 있어. 유리창이 깨진 자동차를 방치하면 그 지점을 중심으로 범죄가 점차 퍼져 나간다는 거야. 어둡고 외진 환경을 방치하면 더 큰 범죄로 이어질 가능성이 커진다는 뜻이지. 그래서 어둡고 칙칙한 골목 벽에 밝은 그림을 그리는 것 역시 효과적인 셉테드 방법이야. 알록달록한 벽화가 음침했던 거리를 밝게 만들어 완전히 새로운 공간이 되거든. 벽화 길은 동네를 밝게 만들 뿐만 아니라 주민들 사이에 친밀감도 높인다고 해. 또한 사진을 찍고 싶은 명소로 유명해져서 다른 곳에 사는 사람들을 많이 불러 모으는 효과도 있지.

: **스카이라인 주소 안내 사인** :

스카이라인 주소 안내 사인은 멀리서도 잘 보이는 새로운 주소 표시 방법이야. 주소를 건물 바깥쪽 높은 위치에 커다랗게 붙이는 거지. 범죄가 많이 일어나는 동네는 낮고 오래된 건물들이 가깝게 붙어 있는 곳이 많아. 건물들의 모습도 비슷비슷하다 보니 위급한 상황이 생길 경우, 자신의 위치를 설명하기가 어려워. 이러한 점을 보완하기 위해 만들어진 것이 바로 스카이라인 주소 안내 사인이야. 주소를 높은

위치에 커다랗게 붙이면 평소에 길을 찾기에도 편해. 그리고 위급 상황이 생겼을 때 자신이 있는 위치를 확실하게 알릴 수 있어.

: 로고젝터 :

로고젝터는 유리 렌즈에 빛을 비춰 벽면이나 바닥에 원하는 이미지를 나타내는 LED 조명이야. 어두컴컴한 밤에 시각적인 메시지를 전달하는 효과가 매우 뛰어나지. 어두운 골목길을 환하게 밝히기 때문

'로고젝터'

출처: 남동구청

에 주민들의 귀갓길을 안전하게 도와줘. 또한 '안심 귀갓길', '경찰관 집중 순찰 중'이라는 안전 문구와 그림을 바닥에 표시할 수 있어. 이것은 시민에게 심리적인 안정감을 주고, 범죄자들에게는 경각심을 일으키는 효과가 있어. 이 때문에 범죄 예방에 탁월한 것으로 평가받아.

무서운 골목에서 사람들이 찾아오는 명소로!

이러한 셉테드 방법이 잘 적용된 좋은 예가 있어. 바로 서울시 마포구 염리동의 소금길이야. 염리동은 예전에는 좁고 어두운 골목길이 많아 범죄 발생률도 높은 곳이었어. 그래서 주민들은 밤이 되면 집 밖에 나오기를 두려워했지.

서울시는 염리동 골목에 셉테드 기법을 적용하기로 결정했어.

가장 먼저 가로등 불빛을 밝히고, 가로등에 1번부터 69번까지 번호를 매겨 안내 박스를 달았어. 염리동 골목은 길이 구불구불한 탓에 주민들조차 길을 헷갈려 했거든. 골목의 번호가 표시된 이름표를 달아 길을 잃지 않게 만들고, 위급한 상황이 생겼을 때 자신이 있는 위치를 효과적으로 알릴 수 있게 한 거야.

또한 좁고 어두워서 마음 편히 걸을 수 없던 골목길을 산책로로 만들었어. 우중충한 분위기를 없애고자 담벼락에 벽화도 그렸지.

 소금길에 셉테드 디자인을 적용하자 염리동에 사는 주민들의 불안감은 매우 줄어들었어. 또한 위험한 골목으로 유명했던 동네가 이제는 예쁜 벽화 길로 알려지게 되었지. 다른 동네 사람들까지 찾아오게 만드는 명소로 탈바꿈한 거야. 이 때문에 염리동 소금길은 셉테드의 대표적인 성공 사례가 되었어. 그 덕분에 경기도와 대구 등 다른 지자체에서도 셉테드 정책을 펼치는 나비 효과를 일으켰지.

 도시 환경 디자인을 바꿔 범죄를 예방하는 셉테드는 그 어느 때보다 많은 관심을 받고 있어. 2019년 12월 기준으로 우리나라에서는 총 312개의 셉테드 사업이 추진되고 있어. 앞으로 더 많이 추진될 전망이야.

이야기 넷

디자인으로 할아버지의 눈을 지켜준다고?

'쿵!'

단잠에 푹 빠져 있던 샘은 큰 소리에 눈을 번쩍 떴어. 벌떡 일어나 방을 박차고 달려 나가자 의자 앞에 할아버지가 주저앉아 있었지.

"할아버지, 괜찮으세요?"

샘은 황급히 할아버지의 팔을 부축했어. 큰 소리의 정체는 샘의 할아버지가 의자에 무릎을 부딪힌 소리였어.

"난 괜찮단다, 샘. 내가 또 잠을 깨우고 말았구나."

"아니에요. 제가 일찍 일어나 할아버지를 도와 드렸어야 하는데……."

샘의 말에 할아버지는 잔뜩 미안한 표정으로 샘을 바라봤어.

"미안하구나, 정말."

최근 할아버지는 의자나 벽에 몸을 부딪히는 일이 많았어. 처음에 샘은 할아버지의 행동을 잘 이해하지 못했어. 그저 할아버지가 예전보다 조심성이 없어지셨다고 생각했지.

"아무래도 할아버지의 눈이 많이 나빠지신 것 같구나."

엄마의 말을 듣고 나서야 샘은 할아버지의 행동을 뒤늦게 이해할 수 있었어. 할아버지는 눈이 보이지 않아 자꾸만 여기저기 몸을 부딪혔던 거야. 그런 할아버지를 지켜보는 샘의 마음 역시 좋지 않았지.

"내가 할아버지를 도울 수 있는 일이 없을까?"

샘은 자신이 할 수 있는 일을 찾기 시작했어. 일단 할아버지가 다치지 않도록 위험한 물건들을 멀리 치웠어. 또, 할아버지가 어딘가에 부딪힐까 늘 할아버지를 주의 깊게 살폈지. 하지만 샘이 모든 사고를 막을 수는 없었어. 샘이 잠시 화장실에 가거나 잠에 들었을 때, 할아버지가 또 어딘가에 부딪히는 일이 생겼거든. '쿵!' 소리에 놀란 샘이 재빨리 튀어나와 할아버지를 살피면 할아버지는 샘에게 늘 같은 말을 반복했어.

"미안하구나."

샘은 할아버지가 사과를 할 때마다 마음이 슬퍼졌어. 샘이 아무리 미안해할 필요가 없다고 말해도 할아버지는 계속 샘에게 미안하다고 말했어.

사실 눈이 나빠지기 전까지만 해도 샘을 챙기는 건 할아버지였어. 샘에게 책을 읽어 주는 것도, 샘의 얼굴에 달라붙은 밥풀을 떼어 주는 것도 모두 할아버지의 몫이었지. 그런데 할아버지의 눈이 나빠진 뒤로는 예전과 반대로 샘이 할아버지를 챙기는 상황이 더 많아졌어. 할아버지는 그런 일이 벌어질 때마다 샘에게 미안해했어. 지금껏 할아버지가 샘을 챙겨 준 일이 훨씬 많은데도 말이야.

"할아버지, 우리 산책 가요! 밖에 나가 바람을 쐬면 기분이 좋아질 거예요!"

샘은 할아버지가 침울해하자 손을 이끌었어. 하지만 할아버지는 고개를 저었지.

"오늘은 좀 피곤하구나. 집에 있는 게 낫겠어."

눈이 나빠진 뒤로 할아버지는 자꾸 집에만 있으려고 했어. 예전에는 샘과 자주 산책하고 공놀이도 했는데 요즘은 줄곧 집에만 있었지.

'할아버지랑 공놀이하고 싶은데…….'

샘은 아쉬운 마음을 꾹 눌러 담았어.

'할아버지의 눈이 다시 좋아지면 좋겠어……. 아니, 할아버지에게 안경이 있으면 좋을 텐데…….'

샘은 할아버지에게 안경을 사 드리고 싶었어. 하지만 그건 그렇게 간단한 문제가 아니었지. 샘이 사는 말리에서는 안경을 구하기가 매우 어려웠거든.

아프리카 말리에는 샘의 할아버지 외에도 눈이 나쁜 사람이 아주 많아. 그만큼 안경이 필요한 사람들 역시 매우 많지. 하지만 안경을 맞추기는 힘들어. 시력을 검사하고 안경을 만드는 전문 검안사가 거의 없기 때문이야. 당연히 안경을 살 수 있는 안경점을 찾기도 어렵지.

이렇다 보니 안경 하나를 맞추려면 굉장히 비싼 돈을 줘야 했어. 평범한 사람들이 안경을 사기란 굉장히 부담스러운 일이었지. 그래서 말리에는 눈이 나빠도 어쩔 수 없이 잘 보이지 않는 채로 생활하는 사람들이 아주 많았어.

그러던 어느 날, 샘의 집에 좋은 소식이 들렸어. 바로 할아버지에게 도움이 될 물건을 받을 수 있다는 소식이었어.

"진짜예요, 엄마? 그게 뭔데요?"

샘의 질문에 엄마가 대답했어.

"글쎄. 그건 엄마도 아직 잘 모르겠구나. 할아버지에게 도움이 되는 물건이라고 했으니까 아마도 안경이 아닐까?"

샘은 뛸 듯이 기뻤어. 할아버지 역시 크게 내색은 하지 않았지만 내심 기대를 하는 눈치였지.

그 소식을 들은 후부터 샘은 며칠째 목을 쭉 빼고 물건이 오는 날만 기다렸어. 방문 밖에서 아주 작은 소리만 들려도 방을 박차고 뛰어나와 물었지.

"엄마, 왔어요?"

그런 샘에게 엄마는 웃으며 대답했지.

"샘, 이건 바람 소리란다."

풀이 죽은 채 방으로 들어간 샘은 얼마 지나지 않아 또 작은 소리를 듣고 뛰어나왔어.

"엄마, 온 거 아니에요?"

"옆집에 사는 콜린 아주머니잖니. 아주머니께 인사해야지?"

실망한 기색을 애써 감춘 채, 샘은 문 앞에 서 있는 콜린 아주머니에게 꾸벅 인사를 했어.

"엄마는 콜린 아주머니네 집에 잠깐 다녀올 테니까 할아버지를 잘 돌봐 드리렴."

"네에."

엄마를 배웅하고 돌아선 샘은 애타는 마음으로 소리쳤어.

"대체 언제 오는 거야!"

그런데 이때 밖에서 노크 소리가 똑똑 들려왔어. 샘이 그토록 기다리던 택배가 마침내 도착한 거야.

"드디어 왔다!"

샘이 신나게 뛰어나가 문을 열었어. 문 앞에는 작은 상자를 든 사람이 서 있었어.

"할아버지! 할아버지! 빨리 나와 보세요!"

샘은 재빨리 할아버지의 방으로 달려 들어갔어.

"무슨 일이니, 샘?"

"일단 나와 보시면 알아요!"

샘은 할아버지를 부축해 몸을 일으켰어. 할아버지가 다치지 않도록 조심조심 할아버지의 팔을 이끌고 방을 나왔지.

"할아버지, 안녕하세요? 저는 '개발도상국 시력 센터'에서 나온 마틴이라고 해요."

"개발도상국 시력 센터요?"

할아버지의 질문에 마틴이 상냥하게 대답했어.

"네, 개발도상국 시력 센터는 시력이 나쁜데도 도움을 받지 못하는 사람들을 위해 만들어진 단체예요. 할아버지의 눈이 많이 나빠지셨다고 해서 도움을 드리기 위해 찾아왔습니다."

마틴은 들고 있던 상자를 내려놓고 포장을 뜯었어. 상자 안에 들어 있는 물건을 본 샘은 눈이 휘둥그레졌지.

"샘, 상자에 뭐가 들어 있니? 안경이니?"

궁금증을 참다못한 할아버지가 샘에게 물었어. 샘이 우물쭈물 대답했지.

"안경은 안경인데……. 이런 안경은 처음 봐요."

작은 상자 속에는 들어 있는 안경은 일반적인 안경과는 좀 달랐어. 양 옆에 주사기가 달려 있는 다소 독특한 모양이었어.

"이 안경의 이름은 어드스펙스라고 해요. 어드스펙스는 '스스로 조절할 수 있는 안경'이라는 뜻이에요. 그래서 '스스로 조절 안경'이라고도 불리죠."

마틴의 말을 듣고 샘은 신기해했어.

"안경을 스스로 조절할 수 있다고요?"

마틴은 고개를 끄덕였어.

"이 주사기 안에는 실리콘 기름이 들어 있어요. 이 액체를 이용해 안경의 도수를 직접 조절할 수 있죠."

"액체로 안경의 도수를 조절한다니 정말 신기한 안경이군요."

샘보다 훨씬 오래 살아온 할아버지가 듣기에도 신기한 이야기였어.

"백 번 듣는 것보다 한 번 해 보는 것이 낫겠죠? 할아버지께서 직접 해 보시겠어요?"

마틴은 할아버지의 얼굴에 '스스로 조절 안경'을 씌웠어.

"자, 여기 안경다리 부분을 만져 보시겠어요?"

마틴이 할아버지의 손을 이끌어 조심스레 안경다리 위에 올려놨어. 할아버지가 안경에 달린 작은 바퀴를 더듬거리며 말했지.

"납작한 바퀴 같은 게 달려 있군요. 꼭 단추 같아요."

"맞아요. 이 조절 바퀴를 돌리면 주사기에 담겨 있는 액체가 나오죠. 그 액체를 통해 렌즈의 두께를 조절할 수 있는 거예요. 일단 바퀴를 끝까지 돌려 보시겠어요?"

마틴의 설명에 따라 할아버지가 바퀴를 천천히 돌리기 시작했어.

"우와, 할아버지! 주사기 속에 있는 액체가 안경 안으로 들어가고 있어요!"

주사기의 액체가 모두 들어가자 조절 바퀴는 더 이상 돌아가지 않았지.

"자, 이제 눈이 잘 보일 때까지 조절 바퀴를 천천히 뒤로 돌리면서

도수를 조절하는 거예요."

할아버지가 조절 바퀴를 뒤로 살살 돌리기 시작했어. 그러다 문득 크게 소리쳤지.

"오!"

갑작스런 소리에 샘은 할아버지에게 큰일이라도 생긴 줄 알고 깜짝 놀랐어.

"할아버지, 왜 그러세요?! 네?"

할아버지는 심각한 표정을 지은 채 돌처럼 굳어 있었어.

"왜요? 무슨 문제라도 생겼어요? 어디가 아프세요?"

샘의 얼굴을 바라본 할아버지가 씩 장난스럽게 미소 지었지.

"샘, 못 본 새에 더 잘생겨졌구나. 이마에 난 작은 상처는 또 언제 생긴 거니?"

할아버지의 말을 듣고 샘은 매우 놀랐어. 얼마 전 축구를 하다가 생긴 작은 상처가 할아버지의 눈에 보이는 것 같았어.

"이 상처가 보이세요? 정말로 보여요?"

"그럼 아주 잘 보인단다!"

할아버지의 대답에 샘은 크게 환호성을 질렀어.

"와아아아아!"

이 모습을 흐뭇하게 바라보던 마틴은 할아버지의 안경에 붙어 있던 주사기를 딸깍! 하고 떼어 냈어. 그러자 평범한 안경과 똑같아졌지.

"이제 다 됐습니다!"

샘은 호기심이 가득한 표정으로 할아버지의 안경을 요리조리 살펴봤어.

"그런데 대체 원리가 뭘까요? 이렇게 간단하게 할아버지의 눈을 보일 수 있게 하다니!"

샘은 집에서 간단하게 도수를 맞춰 사용할 수 있는 '스스로 조절 안

경'이 무척이나 신기했어. 원래 안경을 맞추려면 매우 번거로운 과정을 거쳐야 하거든.

먼저 안과 의사나 검안사가 있는 곳을 찾아가 시력 검사를 해야 해. 그리고 검사가 끝나면 시력에 맞는 안경알을 제작해야 하지. 안경알이 제작되는 시간까지 기다리고 나서야 비로소 안경을 손에 넣을 수 있지. 그런데 이렇게 간단하게 집에서 바로 사용자에 맞는 안경을 만들어 쓸 수 있다니! 안경을 구경하기조차 힘든 곳에 사는 샘에게는 정말 놀라운 일이었지.

"액체의 원리를 이용한 거예요."

마틴은 할아버지의 안경에서 떼어 낸 주사기를 들어 올리며 말했어.

"이 주사기 안에는 실리콘 기름이라는 액체가 들어 있다고 했죠?"

샘과 할아버지는 사이좋게 고개를 끄덕였어.

"이 액체를 안경 안으로 쭉 넣으면 렌즈가 볼록해져요. 그리고 다시 액체를 빼내면 렌즈가 얇아지죠. 액체의 양에 따라 렌즈의 두께가 조절되는 거예요. 이 원리를 이용해 사용자의 눈에 맞는 맞춤 안경을 만드는 거죠."

"그렇구나! 정말 신기해요!"

그날 저녁, 식사를 마친 샘을 할아버지가 집 밖으로 불러냈어.

"할아버지, 무슨 일이에요? 등 뒤에 감추신 건 뭐예요?"

할아버지가 등 뒤에 감추고 있던 것은 다름 아닌 샘의 공이었어.

"너와 오랜만에 공놀이를 하고 싶어서 불렀단다."

"정말요?"

"물론이지! 이젠 매일 공놀이를 해도 문제없을 만큼 아주 잘 보이니까!"

샘은 오랜만에 할아버지와 공놀이를 하며 땀을 흠뻑 흘렸어. 할아버지도 샘만큼이나 땀을 많이 흘렸지. 헉헉! 숨이 턱 끝까지 차오를 때까지 공놀이를 한 샘과 할아버지는 땅바닥에 발랑 드러누웠어. 스스로 조절 안경이 할아버지에게 선명한 세상을 돌려주었다면 샘에게는 할아버지와의 소중한 시간을 돌려준 거야. 기분이 좋아진 샘은 할아버지의 얼굴에 걸쳐진 안경을 향해 크게 외쳤어.

"우리 할아버지의 눈을 잘 부탁해!"

디자인이 이웃을 생각하는
마음과 만나면?

디자인에도 불평등이 있어!

 대형 마트에 가면 진열대 앞에서 이 물건을 살까, 저 물건을 살까 고민하는 사람들을 쉽게 볼 수 있어. 칫솔 하나만 사려고 해도 용도나 색깔, 가격에 따라 매우 다양한 제품들이 놓여 있기 때문이야. 그래서 우리는 언제나 다양한 제품 가운데 무엇을 선택할까 고민하지. 그야말로 풍족한 디자인의 바다에 살고 있어.

 그런데 우리는 이렇게 쉽게 할 수 있는 일을 하지 못하는 사람들도 아주 많다는 거 알고 있니? 우리처럼 물건을 쉽게 살 수 있는 환경에 있는 사람들은 전 세계에서 단 10%밖에 되지 않거든. 세계적인 사업가이자 빈곤 퇴치 운동가, 폴 폴락은 이렇게 말했어.

"세계 디자이너의 95%는 상위 10%의 부자들을 위해 디자인을 하고 있습니다!"

폴 폴락이 말한 '부자'란 돈이 어마어마하게 많은 사람들을 뜻하는 게 아니야. 우리처럼 물건을 살 수 있는 능력과 환경이 되는 사람들을 의미해. 그런 사람들이 전 세계 인구의 10%밖에 되지 않는다는 이야기지. 이것을 바꿔 말하면 우리가 당연하게 누리는 디자인의 혜택을 전 세계 인구의 90%는 받지 못하고 있다는 뜻이야. 지구에 있는 수많은 나라들에는 부자 나라보다 가난한 나라가 훨씬 많거든.

지구에는 매일 먹을 음식과 물조차 부족한 나라들이 아주 많아. 깨끗한 음식을 먹지 못하고 더러운 환경에 살다 보면 쉽게 병에 걸릴 수밖에 없어. 저개발국에는 병에 걸려도 병을 고쳐 줄 의사나 병원이 매우 부족해. 우리가 당연하게 누리는 생활이 누군가에게는 매우 어려

운 일인 거야. 폴 폴락은 이러한 불평등 문제를 디자인으로 해결할 수 있다고 생각했어. 그래서 소외된 사람들을 위한 디자인이 필요하다고 말했지.

"이제는 소외된 90%를 위해 디자인을 해야 할 때입니다!"

폴 폴락의 주장은 많은 디자이너들에게 영향을 끼쳤어. 그 덕분에 많은 디자이너들이 책임감을 가지고 소외된 사람들을 위한 디자인을 만들기 위해 노력하고 있어.

불평등을 해소하는 디자인

지금 이 시간에도 많은 디자이너들은 참신한 아이디어를 내어 불평등 문제를 해결하기 위한 디자인을 생각해. 특히 건강이나 의료에 관련된 분야는 디자이너들의 노력이 가장 필요한 부분이야. 작은 디자인 하나로도 사람들의 소중한 생명을 살릴 수 있기 때문이야. 그렇다면 디자인으로 어떻게 불평등 문제를 해소할 수 있는지 함께 살펴볼까?

: 스스로 조절하는 안경, '어드스펙스' :

세계보건기구(WHO)에 따르면 안경이 필요한 사람은 전 세계에 10억 명에 달한다고 해. 하지만 저개발국의 사람들에게 안경은 매우 비싼 물건이지. 게다가 시력을 검사해 줄 검안사도 매우 부족해.

시력은 인간에게 매우 중요한 감각이야. 눈이 잘 보이지 않으면 읽고 쓸 수 없기 때문에 무언가를 배우기도 어렵고 일을 구하기도 힘들지. 게다가 위험한 상황을 피하지 못해 큰 사고가 생길 수도 있어.

그래서 옥스퍼드대학교에서 물리학을 가르치는 죠슈아 실버 교수는 안경이 필요한데도 안경을 사지 못하는 사람들을 위해 저렴한 안경을 만들었어. 바로 스스로 조절할 수 있는 안경 '어드스펙스'야.

어드스펙스는 실리콘 기름을 이용해 사용자가 스스로 자신의 시력

'어드스펙스'

출처 : cvdw.org

에 맞게 도수를 맞출 수 있어. 굳이 검안사를 찾아가지 않고도 집에서 자신에게 맞는 안경을 만들 수 있는 거야. 쉽게 증발하지 않는 실리콘 기름을 이용했기 때문에 비교적 오랫동안 사용할 수 있지.

어드스펙스의 가격은 15달러인데 일반 안경에 비해서 매우 저렴해. 하지만 하루에 1달러로 살아가는 사람들에게는 이조차 매우 큰돈이지. 그래서 조슈아 교수는 안경의 가격을 더 줄이기 위해 지금도 연구에 매진하고 있어.

: 데굴데굴 굴러가는 물통, '히포롤러' :

지금도 전 세계에서는 13억여 명이 깨끗하지 않은 물을 마시며 살고 있어. 세계보건기구(WHO)에 따르면 현재 전 세계 인구의 29%가 깨끗한 물을 쓰지 못해.

안전한 상수도 시설이 없는 아프리카에서는 물을 구하기 위해 물동이를 지고 수 킬로미터(km)를 걸어가 물을 길어 와야 해. 무거운 물동이를 지고 오랜 시간 걸으면 목과 척추에 무리가 와. 게다가 긴 거리를 걸어오는 동안 물이 오염될 가능성도 크지. 또한 물동이로는 물을 적게 나를 수밖에 없기 때문에 하루에도 몇 번이나 왔다 갔다 해야 해.

그래서 물을 더 편하고 많이 운반할 수 있도록 디자인을 고안했어.

바로 데굴데굴 굴러가는 물통, '히포롤러'야. 히포롤러란 물을 굴리는 하마라는 뜻이야. 뚱뚱한 원통 모양이 하마를 닮아서 그런 이름이 붙었지.

히포롤러는 물 90리터를 한 번에 운반할 수 있어. 물을 물통 안에 넣은 뒤, 손잡이를 잡고 밀기만 하면 원통 모양의 물통이 알아서 데굴데굴 굴러가지! 무거운 물동이를 이고 물을 긷는 것보다 더 쉽게 많은 양의 물을 운반할 수 있는 거야. 데굴데굴 굴리기만 하면 되기 때문에 목이나 척추가 다칠 위험도 없어. 뚜껑이 달려 있어 운반 중 물이 오염되지도 않아 매우 유용하게 사용돼.

히포롤러

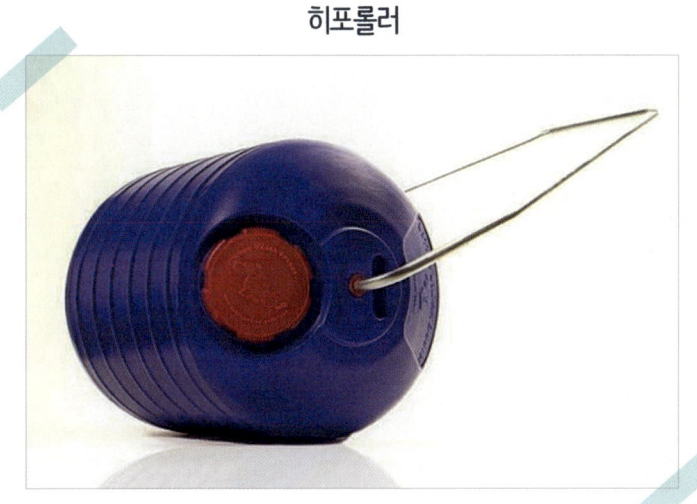

출처 : hipporoller.org

: 저개발국 사람들의 생명을 살리는 아궁이, '출라 스토브' :

 아직도 인도의 시골 마을에서는 식사 시간마다 부엌에서 불을 피워 밥을 해. 가스레인지가 보급되지 않았기 때문이지. 음식을 요리하기 위해서는 보통 나무나 배설물들을 태워 불을 피우는데 이렇게 불을 피울 때마다 연기가 매우 많이 나와.

 불을 피울 때 나오는 연기 속에는 사람의 몸에 해로운 유해 물질이 많이 들어 있어. 눈에 보이지 않는 유해 물질이 사람의 폐 안으로 들어가면 건강까지 해치지. 나무나 배설물 등을 태울 때 나오는 유독 가스를 오랫동안 마신 탓에 사망하는 사람은 전 세계에 무려 160만 명에 달한다고 해.

 가스레인지나 전자레인지를 나눠 주면 되지 않냐고? 그건 어려워. 인도의 시골 마을에는 가스레인지나 전자레인지를 설치할 환경이 마련되지 않았거든. 그래서 세계적인 전자 기업, 필립스는 인도의 상황을 고려해 현실적으로 실현 가능한 방법을 고민했어.

 '아궁이에서 나오는 연기가 건강을 해친다면……. 연기를 집 밖으로 내보내면 되지 않을까?'

 그리하여 탄생한 제품이 바로 저공해 아궁이, '출라 스토브'야. 출라 스토브는 흙과 모래를 주로 사용해서 만든 친환경 조리 기구야. 모래와 흙을 다져서 가스레인지 모양을 만들었다고 생각하면 돼.

출라 스토브의 가장 큰 특징은 기다란 파이프가 설치돼 있다는 점이야. 이 파이프를 통해 유해 연기가 집 밖으로 빠져나가. 그렇기 때문에 부엌에서 더 이상 유해 연기를 많이 마시지 않아도 되는 거지. 또한 구멍을 두 개 만들어 두 가지 요리를 동시에 할 수 있도록 만들었어.

필립스의 디자이너 팀은 출라 스토브의 디자인을 인도 사람들에게 아무 대가 없이 나누어 줬어. 더 많은 사람들이 손쉽게 만들어서 쓸 수 있기를 바랐기 때문이지. 이 덕분에 출라 스토브는 인도 시골 마을에서 더욱 빠르게 퍼져 나가고 있어.

: 햇빛만 있으면 언제 어디서든 충전이 가능한 보청기, '솔라 이어' :

　세계적으로 귀가 들리지 않아 고생하는 사람은 3억 6천만 명이나 돼. 이 가운데 대다수는 산업과 경제 발전이 뒤떨어진 저개발국에 살고 있어. 귀가 들리지 않는 청각 장애가 있을 경우, 보청기를 사용하면 소리를 듣는 데 큰 도움을 받을 수 있어. 하지만 보청기가 매우 비쌀 뿐만 아니라 보청기 안에 들어가는 배터리 가격도 만만치 않아. 배터리가 닳을 때마다 새로 사서 갈아 줘야 하거든.

　하워드 와인스타인은 이러한 문제를 해결하기 위해 햇빛에 충전이 되는 보청기를 만들었어. 바로 태양광 충전이 가능한 보청기 '솔라 이어'야. 솔라 이어는 가난한 형편으로 배터리를 살 수 없는 사람들을 위해 만든 특별한 보청기야.

　일반적인 보청기보다 훨씬 저렴한데다 무엇보다 8시간 정도 햇빛에 내놓으면 자동으로 충전이 돼. 배터리를 교체할 필요가 없는 거지. 매번 새 배터리를 사야 하는 부담을 덜어 줄 뿐더러 매년 버려지는 배터리까지 줄여 주니 환경까지 보호하는 거야. 게다가 솔라 이어를 판매한 수익금은 가난한 나라의 청각 장애 아이들이 교육을 받을 수 있도록 돕는 데 사용되고 있어.

톡! 쏘는 냄새가 화재를 알려 주는 '고추냉이 화재 감지기'

실내에서 불이 나면 '때르릉' 하고 시끄러운 경보 소리가 울려. 불이 났으니 사람들에게 어서 대피하라고 소리로 알리는 거지. 불은 매우 빠른 속도로 번지기 때문에 한시라도 빨리 대피하는 것이 매우 중요하거든. 그런데 만약 귀가 잘 들리지 않는 사람이 있다면 어떨까? 경보 소리를 듣지 못하기 때문에 불이 난 줄도 모르고 대피하지 못할 거야. 기존의 화재경보기에 이러한 허점이 있다는 사실을 파악한 사람이 있었어. 바로 일본의 시가대학교 교수, 이마이 마코토야.

"화재 피해자 중 약 50%는 귀가 잘 들리지 않는 노인들입니다. 노인과 청각 장애인 같이 귀가 들리지 않는 사람들을 위한 화재경보기가 필요합니다!"

이마이 마코토가 지휘하는 연구팀은 일본 사람들이 자주 먹는 고추냉이에서 해답을 찾았어. 초밥을 먹을 때 코끝이 찡해진 경험이 있지? 초밥 안에 들어 있는 고추냉이의 매운 맛과 향 때문이지. 연구팀은 바로 그 고추냉이의 매운 냄새를 이용해 화재경보기를 개발했어. 고추냉이에 든 '아릴이소시아네이트'라는 성분이 깊이 잠든 사람도 깨울 만큼 강렬한 향기를 낸다는 점을 이용한 거야.

연구팀은 썩은 달걀을 포함해 백 가지가 넘는 악취를 연구한 끝에 고추냉이가 가장 효과가 좋다고 결론을 내렸어. 그래서 불이 났을 때 코끝을 톡! 쏘는 고추냉이 냄새를 뿌리는 화재경보기를 발명한 거야. 아무리 그래도 고추냉이 냄새로 화재경보기를 만들 생각을 하다니 매우 독특하지? 이러한 기발함을 인정받아 엉뚱하고 신기한 발명품을 만든 사람에게 수여하는 '이그노벨상'을 받기도 했어.

모두를 위한 디자인, '유니버설 디자인'

세상에 있는 물건들 대부분은 몸이 불편하지 않은 사람을 기준으로 만들어져. 하반신 마비로 휠체어를 타고 다니는 장애인의 경우, 바지를 하나 입는 데도 많은 힘이 들어. 다리에 힘이 없는데 바지의 허리춤이 제대로 벌어지지 않아 허벅지에 계속 걸리기 때문이야. 걸음이 느린 노인들은 횡단보도를 건너는 시간이 충분하지 않지. 이런 문제에 관심을 가진 디자이너들은 누구나 불편함이 없이 사용할 수 있는 디자인이 필요하다고 생각했어.

'장애가 있는 사람, 키가 작은 사람, 힘이 없는 노인 모두 편하게 사용할 수 있는 디자인은 없을까?'

이렇게 고민한 결과, 모든 사람들을 위한 디자인이 나타났어. 바로 모두를 위한 디자인, '유니버설 디자인(universal design)'이야.

유니버설 디자인이란 성별·연령·체격·국적·장애에 상관없이 누구나 쉽게 쓸 수 있는 디자인을 말해. 그래서 '모두를 위한 디자인', '누구나 사용할 수 있는 디자인'이라고도 불리지. 이 말을 처음 쓴 사람은 미국의 건축가, 로널드 메이스야.

로널드 메이스는 어릴 때 척수성 소아마비에 걸려 평생 휠체어를 타고 다녔어. 자신이 직접 불편함을 겪었기에 더욱 절실히 알 수 있었어. 로널드는 장애가 있는 사람도, 없는 사람도 모두 쉽게 접할 수 있는 디자인이 필요하다고 외쳤지.

"가능한 모든 사람이 편리하게 이용할 수 있도록 배려한 디자인이 필요합니다!"

로널드 메이스의 노력으로 세상에는 사회적 약자도 편리하게 이용할 수 있는 유니버설 디자인이 점차 적용되고 있어. 현재는 패션 디자인과 생활용품 디자인까지도 확대되고 있는 중이야.

모두를 위한 디자인, 유니버설 디자인의 필요성은 점점 커지고 있어. 지금 당장은 몸이 불편하지 않은 사람이라고 해도 언젠가는 몸이 불편해질 수 있기 때문이야. 나이가 들어서 몸이 약해질 수도 있고, 다치거나 사고로 몸이 불편해질 수도 있지. 유니버설 디자인이 확대되는 것은 결국 몸이 불편한 사람, 불편하지 않은 사람 모두 안전하고 살기 편한 사회를 만드는 거야.

'유니버설 디자인'의 7가지 원칙

유니버설 디자인에서 강조되는 것은 '쉽고', '편하게'야. 로널드 메이스가 유니버설 디자인에서 중요하다고 말하는 일곱 가지 원칙이 있어.

① 누구나 불편함 없이 **공평하게 사용**할 수 있어야 해.

② **다양한 환경에서도** 정확하고 자유롭게 사용할 수 있어야 해.

③ **사용법이 간단**하고 쉬워야 해.

④ 디자인이 전달하는 **정보를 쉽게 이해**할 수 있어야 해.

⑤ 사용하다가 실수를 저지르거나 위험한 상황이 생겨도 **예방책**이 있어야 해.

⑥ 무리한 힘을 사용하지 않고 **약한 힘으로도** 자연스럽게 사용이 가능해야 해.

⑦ **옮기거나 보관하기 편리**해야 하고, **다양한 신체를 가진 사용자들이 함께 사용**이 가능해야 해.

이야기 다섯

미래를 지키는 환상의 짝꿍

"봄이야, 우리 이번 여름 방학에 같이……."

시아의 말이 채 끝나기도 전에 봄이는 크게 소리쳤어.

"좋아!"

그런 봄이의 모습에 시아는 웃음이 터졌어.

"듣지도 않고 좋다고 하면 어떡해! 내가 뭘 하자고 할 줄 알고?"

"난 네가 하자고 하면 뭐든 좋으니까! 시아 네가 하자고 하는 건 분명 내 마음에도 들걸?"

시아는 봄이의 대답에 기분이 좋았어. 시아가 봄이를 좋아하는 것만큼 봄이도 자신을 좋아하는 것 같았거든.

봄이와 시아는 잘 맞는 게 한두 가지가 아니야. 떡볶이를 좋아하는 것도, 파란색을 좋아하는 것도 똑같았지. 치마보다 바지를 좋아하는 것도 두 살 차이 나는 여동생이 있다는 것도 똑같았어. 그래서 둘은 서로를 영혼의 단짝으로 생각하고 어디를 가든 늘 붙어 다녔어.

"우리 방학 때 같이 디자인 캠프에 가지 않을래?"

"디자인 캠프?"

"응. '어린이를 위한 그린 디자인 캠프'가 있어서 신청했거든. 너도 같이 가면 좋을 거 같아!"

시아의 제안에 봄이는 생각할 것도 없이 좋다고 대답했어. 봄이와 시아는 모든 것에서 잘 맞았지만 그중 디자인에 관심이 많다는 점이 가장 잘 맞았거든. 특히 환경을 살리는 디자인에 관심이 많았어.

"책에서 봤는데 친환경 자동차에만 파란 번호판을 붙인대!"

"진짜? 신기하다! 난 어제 땅에 심으면 식물이 자라는 포장지를 봤는데……."

시아는 봄이와 함께 있을 때면 유독 시간이 빨리 흘러간다고 생각했지. 그만큼 봄이와 있는 시간이 너무 재미있고 신이 났던 거야. 그건 봄이도 마찬가지였어. 두 사람은 함께 디자인 캠프에 갈 날을 손꼽아 기다렸어.

"캠프에 가면 2박 3일 동안 같이 있을 수 있으니까 엄청 재밌겠다, 그치?"

"맞아! 진짜 기대돼!"

막상 디자인 캠프로 떠나는 전날 밤이 되자 시아의 마음은 매우 불편했어. 며칠 전 사소한 이유로 봄이와 다투고 말았기 때문이야. 그런데 하필 다툰 날이 방학식이라서 화해도 하지 못한 채 방학을 맞이하고 말았어. 몇 번이나 시아에게 전화를 걸어 볼까 했지만 번번이 용기가 나지 않았지. 그러는 사이에 일주일이 지나 버렸고 디자인 캠프에 갈 날이 다가온 거야.

"아직 제대로 화해도 못했는데 어떡하지? 이대로 캠프에서 만나면 엄청 어색할 텐데."

시아는 그냥 캠프에 확 빠져 버릴까 생각했어. 하지만 그러려면 엄마의 허락을 받아야 했지.

'엄마는 그럴수록 더 캠프에 가서 봄이랑 화해하라고 할 거야.'

이때, 슬라임을 가지고 노는 동생이 시아의 눈에 들어왔어. 시아는 좋은 생각이 떠올랐지.

"시연아! 너 디자인 캠프에 가고 싶다고 했지? 나 대신 이번 캠프에 갈래?"

며칠 전까지만 해도 시연이는 시아를 따라 캠프에 따라가겠다고 떼를 썼거든. 이미 캠프 신청이 끝났는데 말이야. 시아의 말에 시연이는 아니나 다를까 관심을 보였어.

"나도 데려가 주는 거야? 언니랑 캠프 가도 돼?"

시연이의 말에 시아는 잠시 당황했어.

"아니……. 너만 가라는 거야. 나 대신!"

"나는 언니 안 가면 안 가!"

단호한 시연이의 대답에 시아는 머리가 아팠어.

"그러지 말고 네가 가라, 응? 너 가고 싶댔잖아!"

"왜 언니는 안 가는데?"

시연이가 물어보자 시아는 망설이다가 결국 봄이와 있었던 일을 털어놓았어.

"사실 봄이랑 아직 화해를 못했거든. 이런 상태로 캠프에 가야 한다니 생각만 해도 어색해! 으아아아! 그냥 나 가지 말까? 네가 대신 가면 안 돼?"

이불에 머리를 푹 박고 괴로워하는 시아에게 시연이가 말했어.

"그냥 가! 가서 화해하면 되잖아!"

호탕한 시연이의 말에 시아는 한숨을 쉬었어.

"봄이랑 화해할 수 있을까?"

"저번에도 싸우고 금방 화해했잖아! 할 수 있을 거야!"

시연이가 힘내라는 듯 어깨를 두드렸지만 시아의 마음은 여전히 무겁기만 했어.

드디어 캠프를 떠나는 날이었어! 시아는 계속 뭉그적거리다 버스가 출발하기 직전에 집합 장소에 도착했어.

"헥헥!"

시아가 마지막으로 버스에 오르자 캠프를 인솔하는 지훈 선생님이 외쳤어.

"자, 마지막 참가자까지 다 도착했으니 '어린이를 위한 그린 디자인 캠프'로 출발하겠습니다!"

자리에 앉은 시아는 고개를 쏙 내밀어 버스 안을 둘러봤어. 봄이가 어디 앉았나 궁금했거든. 봄이는 시아와 멀리 떨어진 자리에 다른 친구와 함께 앉아 있었어.

'봄이도 왔구나…….'

시아는 버스에 앉아 있는 내내 봄이가 자꾸만 신경 쓰였어. 그래서 살짝 고개를 돌려 봄이 쪽을 흘낏 바라봤지. 그러다 마침 시아 쪽을 쳐다보고 있던 봄이와 눈이 딱 마주치고 말았어.

'헉!'

깜짝 놀란 시아는 자기도 모르게 휙! 고개를 돌렸어. 뒤늦게 '아차!' 하는 마음이 들어 봄이를 돌아봤지만 봄이는 이미 다른 친구와 사이좋게 대화를 나누고 있었어. 시아는 괜히 기분이 울적해졌어.

'그냥 오지 말걸. 괜히 시연이 말을 들었어.'

시아가 잠깐 졸고 일어나니 어느새 버스는 캠핑장에 도착했어.

"여러분, 어린이를 위한 그린 디자인 캠프에 오신 것을 환영합니다!"

지훈 선생님이 캠프 참가자들을 향해 말했어.

"그린 디자인이란 환경을 생각하는 디자인을 말해요. 이번 캠프에서 여러분은 그린 디자인에 대한 수업도 듣고 재미있는 활동도 할 거예요! 그린 디자인에 대해 더 많이 알아가는 시간이 되길 바랍니다!"

시아를 비롯한 캠프 참가자들은 가장 먼저 그린 디자이너가 진행하는 수업을 들었어. 그린 디자인이 어떻게 환경을 보호하는지, 우리가 왜 그린 디자인을 고민해야 하는지를 알 수 있었지. 수업이 끝나자 신나는 점심시간이 되었어. 시아는 수업을 듣는 사이에 친해진 친구들과 밥을 먹으며 대화를 나누었어. 그러면서도 시선은 줄곧 봄이 쪽을 향해 있었지.

캠프에 도착한 후로 시아는 봄이와 말할 기회를 몇 번이나 노렸어. 하지만 막상 말을 걸려고 하면 너무 어색한 기분이 들었어.

'겨우 일주일 정도 말을 안 한 것뿐인데 왜 이렇게 어색하지.'

시아는 봄이를 계속 신경 쓰고 있는데 봄이는 전혀 그런 기색은 보이지 않았어. 다른 친구들과 얘기도 잘하고 여러 가지 활동도 즐겁게 참여하고 있었지. 그런 봄이를 볼 때마다 시아는 기분이 울적해졌어.

'캠프에 괜히 왔어. 엄마한테 전화해서 데리러 오라고 할까?'

하지만 혼자서 집에 돌아갈 용기가 나지 않았지.

"자, 이번에는 두 명씩 짝을 지어 게임을 할 거예요."

지훈 선생님이 참가자들을 향해 말했어.

"먼저 제비뽑기로 짝꿍을 뽑을게요! 이 박스 안에 손을 넣고 쪽지를 하나씩 뽑으면 됩니다."

지훈 선생님이 참가자들의 이름을 하나하나 불렀어. 이름이 불린 친구들은 차례대로 앞으로 나가 제비를 뽑았지.

"윤시아!"

시아도 자신의 이름이 불리자 앞으로 나가 상자 안에서 제비를 하나 뽑았어.

"엇?"

자신이 뽑은 제비를 확인한 시아는 깜짝 놀랐어. 시아가 뽑은 쪽지에 봄이의 이름이 써 있었거든.

"제비를 뽑은 친구들은 쪽지에 써 있는 이름의 친구를 찾아가면 됩니다!"

시아는 조심스레 봄이에게 다가갔어. 그러고는 봄이에게 슬그머니 쪽지를 내밀었지.

"네가 내 짝이야?"

깜짝 놀란 봄이의 말에 시아는 어색하게 고개를 끄덕였어.

"모두 짝꿍을 잘 찾은 것 같네요. 이번 미션은 물건을 찾아오는 게임이에요. 이 디자인 마을 곳곳에는 미래를 위한 그린 디자인 제품이 놓여 있어요. 가장 먼저 다섯 개를 찾아 사진을 찍어 오는 팀이 우승을 하는 거예요. 1등 팀에게는 상품도 준비되어 있으니까 기대하세요! 자, 그럼 출발!"

출발을 알리는 호루라기 소리가 경쾌하게 울리자 참가자들이 재빨리 흩어졌어. 봄이와 시아만이 제자리에 남아 쭈뼛거렸지. 이때 봄이

가 용기를 내 시아에게 먼저 말을 걸었어.

"저기 저 카페부터 찾아볼까?"

"……그래!"

함께 카페로 들어온 시아와 봄이는 그린 디자인을 찾기 위해 분주히 카페 안을 둘러봤어. 이때 봄이가 선반 위에 놓인 종이 빨대를 발견했어.

"어? 이거 종이 빨대잖아. 플라스틱 빨대 대신 종이 빨대를 사용하면 환경 오염을 예방할 수 있어. 이게 미래를 위한 디자인 아닐까?"

"엇! 네 말이 맞는 것 같아!"

찰칵! 봄이가 휴대폰으로 종이 빨대 사진을 찍었어.

"들어오자마자 바로 한 개를 찾다니 느낌이 좋은데?"

"그러게!"

시아는 자기도 어서 그린 디자인을 찾아야겠다고 생각했어. 그때 시아의 눈에 테이블에 놓인 컵이 들어왔지.

"이건 식용 컵이잖아?"

"식용 컵?"

봄이가 시아에게 물었어.

"응. 이건 밀가루랑 달걀로 만든 식용 컵이야. 음료를 마신 뒤에 컵까지 다 먹을 수 있어. 이 컵을 사용하면 일회용 컵을 쓰지 않고도 음료를 마실 수 있어. 게다가 컵까지 먹어 없앨 수 있으니 쓰레기도 줄일 수 있거든."

"그렇다면 이 컵도 찍어야지!"

시아와 봄이는 얼른 식용 컵을 사진으로 담았어. 둘은 점점 신이 났어. 다섯 개 중에서 벌써 두 개나 발견했기 때문이야.

카페를 나선 두 사람은 연이어 세 번째, 네 번째 디자인까지 척척 발견했어. 세 번째 디자인은 휴지 사용을 줄일 수 있는 손수건, 네 번째 디자인은 버려진 방수 천으로 만든 가방이었어.

"이제 하나만 더 찾으면 돼!"

하지만 캠핑장 곳곳을 아무리 둘러봐도 마지막 그린 디자인을 찾을 수가 없었어. 시간은 자꾸만 흘러갔지. 여기저기서 참가자들이 "또 찾았다!"를 외칠 때마다 두 사람은 점점 초조해졌어. 이때 시아가 캠프장 입구 쪽에 세워진 자동차를 물끄러미 바라봤어.

'어라? 번호판이 신기하게 파란색이네.'

시아는 문득 파란색 번호판에 대해 무언가 들은 기억이 떠올랐어.

'분명 들었는데…… 뭐였더라.'

그러다 봄이에게 들었던 이야기가 선명하게 생각났어.

"그래! 맞아! 대기 오염 물질을 뿜어내지 않는 친환경 자동차는 파란색 번호판을 달았다고 했어!"

시아는 서둘러 자동차를 사진으로 담았어. 그리고 봄이를 향해 힘껏 손을 뻗었지.

"봄아, 다 찾았어! 어서 가자!"

잠시 머뭇거리던 봄이는 시아의 손을 마주 잡았어.

손을 잡고 출발 장소로 돌아온 두 사람은 재빨리 지훈 선생님에게 말했어.

"저희가 찾은 그린 디자인은 종이 빨대, 식용 컵, 손수건, 방수 천 가방."

"그리고 파란 번호판을 가진 친환경 자동차예요!"

지훈 선생님의 대답을 기다리던 두 사람의 가슴은 두근두근 떨렸어. 서로 손을 꼭 맞잡았지.

"이번 게임의 1등은 봄이와 시아 팀이 차지했습니다! 호흡이 척척 잘 맞는 환상의 짝꿍이네요!"

"와아!!!"

무사히 캠프를 마치고 집으로 돌아가는 버스 안, 평소처럼 시아의 옆자리에는 봄이가 앉았어. 시아와 봄이의 무릎 위에는 1등 상품으로 받은 에코백이 나란히 올려져 있었지.

"그런데 시아야. 너 친환경 자동차가 파란색 번호판을 달고 있다는 걸 어떻게 알았어?"

봄이가 묻자 시아는 씨익 미소 지었어.

"네가 예전에 말해 준 거야!"

"뭐? 내가?"

시아는 고개를 끄덕였어.

"그걸 어떻게 아직까지 기억하고 있었어? 난 기억도 안 나는데."

봄이의 말에 시아는 대답했어.

"나는 네가 하는 말은 다 기억하고 있거든. 왜냐하면 우리는 환상의 짝꿍이니까!"

시아가 웃으며 봄이에게 손바닥을 내밀자 봄이 역시 활짝 웃으며 짝! 하고 마주쳤어.

왜 미래를 위한 디자인을 생각해야 하나요?

전 세계는 지금 쓰레기 전쟁 중

우리는 살아가면서 수많은 쓰레기를 만들어 내. 입을 닦은 휴지, 사탕을 쏙 빼먹고 남은 사탕 껍데기, 배가 불러서 남긴 음식물 쓰레기까지! 매 순간 쓰레기를 만들어 내고 있다고 해도 과언이 아니지. 그런데 이러한 쓰레기가 전 세계적으로 심각한 환경 문제로 떠오르고 있다는 사실을 알고 있니?

우리나라만 해도 전국에서 나오는 쓰레기의 양이 하루 평균 43만 899톤이라고 해. 이것을 1년으로 계산하면 약 1억 5695만 톤이나 되지. 1인당 한 해에 3톤이 넘는 쓰레기를 버리고 있는 셈이야. 문제는 이 쓰레기의 양이 매년 더 늘고 있다는 거야.

쓰레기는 심각한 환경 오염의 원인으로 지목되고 있어. 쓰레기를 없애려면 땅에 묻거나 불에 태워야 해. 그런 과정에서 메탄과 같은 유해 가스가 대량으로 나오지. 이 가스는 지구의 오존층을 파괴하고 지구 온난화를 일으키는 주범이야.

또한 바다로 흘러 들어간 쓰레기 역시 심각한 문제가 되고 있어. 물고기나 고래들이 쓰레기를 먹이로 착각하거든. 그래서 쓰레기를 먹이인 줄 알고 먹었다가 목숨을 잃는 일이 매우 많아. 우리가 쉽게 사용하고 버리는 빨대나 일회용 젓가락 역시 바다 생물들의 목숨을 위협하는 무기가 되지. 이 때문에 세계 각국에서 죽은 고래나 거북이가 해변에 떠밀려 오는 일이 자주 일어나고 있어. 고래와 거북이의 배 속에서는 플라스틱 쓰레기가 무더기로 나왔다고 해. 정말 가엾지 않니?

2016년, 세계경제포럼(WEF)은 매년 수많은 플라스틱이 바다에 버려진다는 보고서를 발표했어. 그리고 이와 함께 무시무시한 예상을 내놓았지.

"2050년이 되면 바다에는 물고기보다 플라스틱이 더 많을 것입니다!"

정말 끔찍하지? 쓰레기가 동물들의 목숨만 앗아 가는 게 아니야. 이미 인간에게도 아주 큰 위험을 끼치고 있어. 우리가 하루에도 몇 개나 사용하는 플라스틱의 경우, 여기저기를 떠돌다 분해되면 '미세 플라스틱'이라는 아주 작은 입자가 돼.

물고기들은 이러한 미세 플라스틱을 먹이로 착각해 먹어. 하지만 플라스틱은 소화가 되지도, 썩지도 않기 때문에 물고기의 몸에 그대로 남아 있지. 그리고 그 물고기를 인간이 섭취하면 인간의 몸에도 미세 플라스틱이 차곡차곡 쌓이게 되는 거야. 이런 과정을 거쳐 우리도 모르는 사이 우리는 미세 플라스틱을 많이 먹고 있어. 1년 동안 인간이 먹는 미세 플라스틱의 양은 무려 3만~7만 개라고 해. 몸속의 미세 플라스틱은 나중에 병을 일으키게 돼.

이처럼 쓰레기는 지구와 지구에 사는 모든 생물을 위협하고 있어. 그래서 세계인들은 쓰레기 문제를 해결하기 위해 그 어느 때보다 큰 노력을 기울이고 있어.

"쓰레기를 줄인다면 쓰레기로 인해 지구에 생기는 문제도 막을 수 있지 않을까?"

인간은 살면서 쓰레기를 아예 만들지 않을 수는 없어. 하지만 적어도 쓰레기를 적게 배출하기 위한 노력은 할 수 있지. 바로 이 점에서 착한 디자인이 환경 파괴 문제를 해결할 대안으로 주목받고 있어. 애초에 환경을 해치지 않는 방법으로 물건을 만들고, 계속해서 쓸 수 있도록 디자인한다면 쓰레기를 효과적으로 줄일 수 있거든.

미래에 중요성이 더 커지는 '착한 디자인'과 '착한 디자이너'

디자인에는 다양한 힘이 있어. 사회 문제를 해결하고, 두려움을 없애고, 불평등을 해소하는 힘이 있지. 그리고 무엇보다 사람들의 생각과 행동을 바꿀 수 있는 힘이 있어. 바로 이러한 영향력 때문에 디자인은 미래를 구할 해법으로 주목받고 있어.

깨끗한 물을 구하기 힘든 나라에 깨끗한 물을 선물한 라이프스트로우, 범죄가 많이 일어나는 도시에서 디자인으로 범죄율을 낮춘 셉테드. 이것은 모두 해결하기 어려운 문제들을 착한 디자인으로 해결한 성공적인 예야. 이러한 착한 디자인의 성공 뒤에는 언제나 고민과 연구를 거듭하는 착한 디자이너들이 있지.

'인간을 위한 디자인', '지구를 위한 디자인'을 끊임없이 주장한 빅터 파파넥은 디자이너에 대해 이렇게 생각했어.

'도무지 해결하기 어려운 문제를 창의적인 방법으로 끝내 해결하는 능력을 갖춘 사람!'

그래서 그는 디자이너들이 사회 문제에 더 관심을 갖고 문제를 해결하기 위해 노력해야 한다고 했어.

"디자이너는 사회적·도덕적 책임감을 가져야 합니다! 디자인은 인간에게 주어진 가장 강력한 도구이기 때문입니다."

빅터 파파넥은 디자이너가 어떤 디자인을 하느냐에 따라 세상은 좀 더 나아질 수도, 망가질 수도 있다고 생각했어. 그만큼 사회에서 디자이너의 역할이 중요하다고 여긴 거야.

디자인 전략 전문가, 데이비드 버먼 역시 디자이너들이 사회적으로 매우 큰 영향력이 있다고 생각했어.

"디자이너들이여! 좋은 디자인을 하지 말고 좋은 일을 하라!"

그는 디자이너들이란 디자인을 통해 세상을 변화시킬 수 있는 존재라고 생각했지. 이들이 끊임없이 디자이너들의 사회적인 영향을 주장하면서 그 영향을 받아 세상에는 '착한 디자이너'들이 많이 나타났어. 그들은 착한 디자인을 통해 세상을 더 나은 방향으로 이끌고 있어. 이 때문에 많은 사람들이 착한 디자이너들에게 큰 기대를 걸고 그들을 응원하고 있어.

첨단 과학 기술과 착한 디자인의 만남

착한 디자이너들이 선한 의도로 착한 디자인을 펼치고 싶어도 그러지 못할 때가 있어. 바로 기술의 발전이 디자이너들의 상상력을 따라오지 못하는 경우가 그렇지. 21세기에 이르러 과학 기술은 매우 빠른 속도로 발전했어. 이러한 변화는 디자이너들이 선한 의지와 기발한 상상력을 마음껏 펼칠 수 있도록 도와줬어. 그 결과, 인간과 지구를 위한 착한 디자인 역시 크게 발전할 수 있었지.

: 친환경 자동차 :

최근 공해로 인한 미세먼지는 우리 사회의 심각한 문제로 떠올랐어. 자동차를 운행할 때 발생되는 이산화탄소는 미세먼지와 지구 온난화의 주범이야. 또한 사람들의 건강에도 나쁜 영향을 미치지. 유해 가스를 배출하지 않는 친환경 자동차는 미세먼지를 없애고 청정한 미래를 만들 기대주로 떠오르고 있어. 첨단 기술의 발전은 친환경 자동차가 실제로 사용되는 데 큰 기여를 했지.

친환경 자동차는 크게 네 가지로 구분돼.

● 하이브리드

일반 자동차에 전기 자동차의 원리를 합친 형태야. 하이브리드란 두 개 이상의 기술을 합쳤다는 것을 의미해. 하이브리드 자동차는 석유 연료와 전기 모터를 동시에 이용하는 자동차야. 전기 에너지를 함께 이용하다 보니 일반 자동차에 비해 연료가 적게 들지. 무엇보다 유해 가스 배출량을 획기적으로 줄였다는 점에서 차세대 환경 자동차로 인정받고 있어. 그러나 자동차의 구조가 복잡해서 수리가 어렵다는 단점이 있어.

● 플러그 인 하이브리드

전기 콘센트에 플러그를 꽂아 배터리를 충전하는 자동차야. 충전한 전기를 먼저 사용하고, 전기가 떨어지면 그때 석유 연료를 사용하기 때문에 일반 하이브리드 자동차보다 연료를 아낄 수 있어. 하이브리드 자동차보다 좀 더 발전된 형태라고 할 수 있지.

● 전기차

엔진이 없고 전기 모터로만 움직이는 자동차야. 대용량 배터리를 이용하기 때문에 주행 거리가 하이브리드에 비해 훨씬 길다는 장점이 있지. 무엇보다 화석 연료를 사용하지 않기 때문에 유해 가스를 전혀 배출하지 않고 소음이 거의 없어. 가장 친환경적인 자동차이지. 또한 오래 사용할 수 있고, 운전 조작도 간편하다는 특징이 있어.

● 수소 연료 전기차

수소차, 수소 자동차라고도 불러. 친환경 연료인 수소를 사용해 움직이기 때문에 유해 가스를 전혀 배출하지 않아. 수소는 화석 연료에 비해 훨씬 많은 에너지를 만들어 내. 몇 분만 충전해도 수백 킬로미터를 움직일 수 있는데 유해 가스 대신 깨끗한 수증기만 배출하지. 또한 소음도 거의 내지 않아 '최고의 차'라고 불려. 그러나 연료인 수소를 싸게 생산할 수 없고, 수소를 대량으로 안전하게 보관하기 어렵다는 단점이 있어.

정부에서는 공해를 배출하지 않는 친환경 자동차에 다양한 혜택을 주고 있어. 이러한 혜택을 주려면 친환경 자동차임을 잘 알아볼 수 있어야 해. 그래서 공해를 배출하지 않는 '전기 자동차'와 '수소 연료 자동차'의 경우, 파란색 번호판이 붙어 있어. 이를 통해 더 많은 사람들이 친환경 자동차를 사용하도록 유도하는 거야.

: 플라스틱을 친환경으로 만들면? 바이오 플라스틱 :

플라스틱에 의한 환경 문제가 심각해지자 세계 곳곳에서는 플라스틱 사용을 금지하는 움직임이 일고 있어. 중국, 멕시코, 캐나다 등 수많은 나라에서 플라스틱 금지 정책을 발표했지. 우리나라 역시 일회용품 사용을 줄이겠다는 계획을 발표했어. 이러한 흐름에 발맞춰 착한 디자이너들은 새로운 기술을 이용해 플라스틱을 대체할 물건을 만들기 시작했어. 플라스틱과 비슷한 역할을 하면서 환경은 오염시키지 않는 플라스틱 대체제를 만든 거지. 바로 친환경 원료로 만드는 플라스틱, '바이오 플라스틱'이야. 바이오 플라스틱에는 어떤 것들이 있는지 함께 살펴볼까?

● 버섯 스티로폼

플라스틱의 일종인 스티로폼은 심각한 바다 오염의 주범으로 지목되고 있어. 바다에 떠 있는 부표는 스티로폼으로 만들어지는데 이 부표 때문에 미세 플라스틱 오염이 크게 늘었기 때문이지. 또한 깨지기 쉬운 물건을 보호하기 위해 스티로폼 완충제를 많이 사용하다 보니 심각한 쓰레기 문제가 생겼지.

미국의 친환경 기업, 에코베이티브 디자인은 스티로폼을 대신할 친환경 재료를 만들었어. 바로 버섯으로 말이야. 버섯에는 생존하기 위해 영양을 흡수하는 균사체라는 기관이 있어. 에코베이티브의 디자이너들은 바로 이 버섯의 균사체를 농업 폐기물이나 나무 부스러기에 배양해서 대체 스티로폼을 만들었어. 균사체로 만든 완충제는 가볍고 튼튼할 뿐만 아니라 불에도 잘 타지 않아. 버섯으로 만들었기 때문에 사용 후에도 환경을 해치지 않고 분해되지.

● **옥수수로 만든 일회용품**

최근 배달 문화가 널리 퍼지면서 일회용품 쓰레기 문제가 더 커지고 있어. 편리하게 집에서 물건과 음식을 받는 대신 일회용 쓰레기가 엄청나게 늘어난 거야. 이러한 문제의 대안으로 옥수수를 원료로 한 친환경 일회용품이 주목받고 있어.

최근 뉴질랜드의 한 항공사에서는 일회용 컵 대신 옥수수와 종이로 만든 컵을 제작해서 사용하고 있어. 이 옥수수 컵을 쓰면 1년에 약 1500만 개의 컵 쓰레기를 줄일 수 있다고 해. 이 항공사는 또한 밀가루와 달걀 등으로 만든 '식용 컵'을 사용하고 있어. 비행기 안에서 승객들에게 음식을 나누어 줄 때 식용 컵에 담아 주는 거지. 승객들은 음료를 다 마신 뒤에 컵까지 씹어 먹을 수 있어.

이 외에도 1년 동안 햇빛에 노출되면 자연 분해가 되는 옥수수 비닐 쇼핑백, 플라스틱 빨대를 대체할 옥수수 빨대 등 옥수수의 변신은 계속되고 있어. 옥수수로 만든 제품은 90~180일이 지나면 자연 분해가 되고 일반 플라스틱과 달리 환경 호르몬이 전혀 없어서 안심하고 사용할 수 있어.

다음 세대를 위한 미래, 함께 만들어야 해

현재 이 시간에도 착한 디자이너들은 우리가 사는 세상을 더욱 낫게 만들기 위해 노력하고 있어. 하지만 디자이너들만의 노력으로 우리가 처한 상황을 해결하기는 힘들어. 국가와 개개인이 함께 노력해야 더 나은 미래를 만들 수 있지.

우리나라는 2019년에 일회용품 사용을 줄이기 위한 정책을 발표했어. 우선 2021년부터 카페에서 종이컵 사용을 금지했어. 2022년부터는 편의점과 빵집에서 비닐봉지를 사용할 수 없지. 또한 식당, 카페, 급식소에서 플라스틱 빨대 사용이 금지된다고 해. 그리고 2040년까지 대체 플라스틱 개발, 플라스틱 재활용 등을 통해 '플라스틱 없는 사회'로 나갈 계획을 세웠어.

우리 스스로 할 수 있는 일을 찾아보는 것도 중요해. 우리와 같은 평범한 사람들이 다 같이 참여하면 세상을 바꾸는 큰 흐름이 되거든.

우리는 수많은 상품이 쏟아져 나오는 세상에 살고 있어. 하룻밤만 자고 일어나면 어느새 새로운 상품들이 등장해 있지. 새로운 유행이 시작되면 어제까지 잘만 입던 옷도 촌스럽게 느껴져. 최신 스마트폰이 나오면 내가 가진 휴대폰이 구식처럼 느껴지지. 이 때문에 멀쩡한 물건을 버리거나 새 물건을 산 경험은 누구에게나 있을 거야.

미국의 역사학 교수, 수전 스트레서는 '유행' 때문에 멀쩡한 물건을 버리는 습관이 생겨났다고 말했어. 런던 디자인 뮤지엄의 관장인 데얀 수직 역시 6개월마다 휴대 전화를 새것으로 바꾸는 현대인들의 습관이 변하지 않는다고 말했지. 유행을 따르기 위해 필요하지도 않은

물건을 사는 우리의 행동을 날카롭게 꼬집어 말한 거야.

유행 때문에, 새로운 물건이 사고 싶다는 이유로 계속해서 물건을 사는 건 자원을 낭비하고 환경을 파괴하는 일이야. 사실 지구와 미래를 위해 우리가 할 수 있는 일은 매우 간단해. 되도록이면 물건은 오래 쓰고, 다시 쓰는 거지. 이왕이면 인간과 환경을 위한 '착한 디자인'을 소비하는 것도 좋은 방법이야. 세상을 선하게 바꾸려는 '착한 디자이너'들에게 꾸준히 관심을 갖는 것도 미래를 위한 길이지.

우리가 살고 있는 지구는 현재 지구에 사는 우리만의 것은 아니야. 우리가 사라진 후에 지구를 살아갈 다음 세대의 것이기도 해. 착한 디자인을 행하는 착한 디자이너들과 나라, 그리고 평범한 사람들이 힘을 합쳤을 때, 우리는 더 나은 미래를 다음 세대에게 무사히 전해 줄 수 있을 거야.

교과 정리

이야기 하나 '착한 디자이너' 코코를 만나다!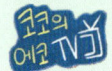

3학년 1학기 과학	5. 지구의 모습	-소중한 지구 보존하기
6학년 2학기 사회	2. 통일 한국의 미래와 지구촌의 평화	(3) 지속 가능한 지구촌

이야기 둘 남반장의 남다른 쓰레기통

4학년 2학기 과학	2. 물의 상태 변화	-물의 상태 변화를 이용해 깨끗한 물을 얻는 솔라볼
6학년 2학기 과학	1. 전기의 이용	-전기를 안전하게 사용하고 절약하는 방법은 무엇일까요?

이야기 셋 공룡 병원으로 놀러 오세요!

4학년 2학기 사회	1. 촌락과 도시의 생활 모습	(1) 촌락과 도시의 특징